FENG SHUI PARA EL HOGAR

FENG SHUI PARA EL HOGAR

CAMBIE SU VIDA VARIANDO LA DISPOSICIÓN DE SU CASA

Una guía habitación por habitación
sobre el antiguo arte chino de la distribución

KIRSTEN M. LAGATREE

PRÓLOGO DE ANGI MA WONG

Ilustraciones a cargo de Frank Paine

EDICIONES OBELISCO

Si este libro le ha interesado y desea que le mantengamos informado de nuestras publicaciones, escríbanos indicándonos qué temas son de su interés (Astrología, Autoayuda, Ciencias Ocultas, Artes Marciales, Naturismo, Espiritualidad, Tradición) y gustosamente le complaceremos. Puede visionar nuestro catálogo en: http://www.edicionesobelisco.com

Feng Shui para el hogar
Kirsten M. Lagatree

1ª edición: junio de 1998
2ª edición: octubre de 1998
3ª edición: junio de 1999

Título original: *Feng Shui*
Traducción: Alejandra Devoto
Ilustraciones: Frank Paine
Diseño portada: Ricard Magrané
© by Kirsten M. Lagatree, 1996 (Reservados todos los derechos)
© by Ediciones Obelisco, S.L. 1998
(Reservados todos los derechos para la presente edición)
Edita: Ediciones Obelisco, S.L.
Pedro IV, 78 (Edif. Pedro IV) 4ª planta, 5ª puerta
08005 Barcelona - España
Tel. (93) 309 85 25 - Fax (93) 309 85 23
Castillo, 540
1414 Buenos Aires (Argentina)
Tel. y Fax 771 43 82
E-mail: obelisco@website.es y obelisco@interplanet.es
Depósito Legal: B. 28.256 - 1999
ISBN: 84-7720-652-X

Printed in Spain

Impreso en España en los talleres gráficos de Romanyà/Valls, S.A.
Verdaguer 1 - Capellades (Barcelona)

*Este libro está dedicado
a mi esposo,
John Barth,
que siempre atrae el chi bueno,
dondequiera que vaya.*

PRÓLOGO

Le doy la bienvenida al fascinante mundo del feng shui, el antiguo arte chino de la distribución.

El objetivo fundamental del feng shui consiste en mantener la armonía y el equilibrio en el universo y en la naturaleza. Aunque parezca desmesurado, esto depende totalmente de nosotros; la relación del hombre con el medio ambiente y nuestro respeto por la naturaleza constituyen la esencia misma del feng shui. Todos los seres vivos —las personas, la tierra, el universo— se interrelacionan por medio de la energía cósmica (el chi). Por decirlo con toda sencillez, nada de lo que ocurre pasa desapercibido. Esta ha sido la concepción asiática a lo largo de los siglos, en contraste con la filosofía de la civilización occidental: «vine, vi y vencí».

En el reino del feng shui, las tribulaciones de la humanidad y del mundo se conciben como consecuencias directas de la falta de respeto de los humanos hacia las leyes del universo y del hecho de que no nos ocupemos del planeta. Hoy más que nunca, con la reducción de la capa de ozono, la desaparición de las selvas tropicales, la contaminación de los mares y de la atmósfera y la sobreexplotación de la tierra, no es extraño que la madre tierra responda con una plétora de desastres naturales.

El feng shui tiene su raíz en la antigua China, donde se creía que el espíritu de los antepasados era capaz de ayudar a sus descendientes vivos, de modo que para las familias chinas era fundamental honrar a sus difuntos, buscando para ellos el mejor lugar donde enterrarlos. Asimismo se distribuían los templos, los hogares y las empresas para que armonizaran con las energías de la tierra, a fin de atraer buena suerte, salud y fortuna. A medida que los chinos fueron estableciendo comunidades por todo el mundo, las calles de los pueblos y las ciudades se trazaron de acuerdo con estos principios.

La práctica del feng shui, habitual en las comunidades chinas desde hace siglos, está ganando popularidad rápidamente en numerosos países occidentales. Son muchas las personas que no tienen origen asiático que recurren al feng shui como una forma de regresar a lo que les parece natural y correcto, tal vez como reacción al consumo ostentoso de lo que he dado en llamar los «desmesurados años ochenta» y a la intromisión de la tecnología en sus vidas. La constante y creciente preocupación por los problemas medioambientales, el auge de la salud y el ejercicio, el surgimiento de la medicina alternativa y el impresionante crecimiento de la jardinería doméstica son indicios de la misma tendencia. Utilizando el eslogan del Club Mediterranée, podemos decir que el feng shui es un «antídoto contra la civilización», que brinda paz y serenidad en una época compleja de cambio, confusión y estrés.

La práctica del feng shui es un regreso a la vida intuitiva: lo que sentimos que está bien, está bien; lo que merece atención, la recibe. Adaptando nuestro equilibrio al mundo que nos rodea, podemos orientar nuestra vida hacia nuestras metas y aspiraciones. En una época en la que parece que la tecnología y la vida de ritmo frenético estuvieran a punto de dominarnos, podemos recuperar el control de nuestra vida mediante la comprensión de nuestro ambiente, en lugar de su «conquista».

Vamos a analizar unos cuantos ejemplos:

En mi despacho hay un acuario de agua salada que tiene una bomba de agua que no funcionaba hacía muchos meses. Por fin, una mañana que no tenía nada que hacer le quité la sal cristalizada, cambié el imán que va dentro del motor y ¡zas!, de pronto el agua de la pecera se llenó de burbujas efervescentes. Estuve fuera del despacho el resto del día y a mi regreso encontré diez mensajes en el contestador, muchos de los cuales trajeron como consecuencia entrevistas en algún medio de comunicación y contratos para mi empresa de asesoramiento intercultural. La rápida circulación del agua, que representa la riqueza y el éxito comercial, había activado esos aspectos de mi vida. Al prestar atención a los problemas de mi acuario, que es un mundo en miniatura, y al poner en funcionamiento la bomba de agua, hice arrancar también mi vida empresarial.

A una mujer de Portland la atormentaban unos vecinos que tenían unos niños muy gritones y un perro muy ladrador. En uno de mis seminarios compró un espejo de la suerte, con ocho caras, y lo instaló en la pared exterior de su casa, orientado hacia sus ruidosos vecinos. En un día se acabó el jaleo, pero lo más sorprendente es lo que me contó varios meses después: el vecino indeseable, que había jurado que no se iría jamás de Portland, porque allí había vivido y trabajado durante dieciocho años, anunció que él y su familia vendían la casa y se mudaban. El espejo había desviado hacia ellos la energía negativa que ellos mismos generaban.

Otra anciana que asistió a uno de mis talleres decía que la casa que había recibido en herencia estaba intentando acabar con su vida, porque desde que se mudó había sufrido varios accidentes. Le sugerí que la hiciera pintar con colores correspondientes a los principios del feng shui, de modo que la construcción armonizara con el entorno. Cuando cinco meses después regresé a la ciudad en que vivía, vino a verme y me contó su versión de cómo funciona el feng shui: «Mis vecinos se pusieron de acuerdo para pintarme la casa gratis y ahora, cada vez que llego, siento como si me abrazaran veintisiete pares de brazos», me contó. Gracias a la generosidad de sus vecinos, no sólo la casa se adaptó mejor al entorno sino que ella también se sintió más a gusto.

Una clienta me contó que su actividad comercial se había interrumpido de golpe hacía cuatro meses, y que quería hacer algo para reactivarla. También deseaba reactivar su vida social y empezar a salir. Dediqué varias horas a evaluar su casa y observé que tenía un sillón viejo en el cuarto de estar, que bloqueaba la puerta principal. Pertenecía al decorado de una película sobre un asesino en serie y lo había llevado a su casa hacía cuatro meses. Le expliqué que el mueble tenía energía negativa, que simbolizaba la muerte, que estaba afectando su vida comercial y afectiva, y que era preciso deshacerse de él. Juntas quitamos el sillón del cuarto, levantándolo y empujándolo con mucho esfuerzo para sacarlo por la puerta principal hasta dejarlo en el patio. En cuanto el sillón pasó por la puerta sonó el teléfono: era un conocido que la llamaba para salir.

Posteriormente me llamó para contarme cómo iba todo: «Hace semanas que me he deshecho del sillón y cada vez que entro en el cuarto de estar siento que toda mi casa ha cambiado y está llena de vida. El negocio va mucho mejor y nunca en la vida había tenido tanta vida social.» Al mover el sillón, mi clienta no sólo eliminó la energía negativa sino que abrió la puerta de entrada, que estaba bloqueada, mejorando así el flujo de energía y abriendo su vida a muchos logros.

PRÓLOGO

El feng shui siempre ha formado parte de mi formación china. Crecí en Taiwán y Nueva Zelanda y pasaba los veranos en Hong Kong. La curiosidad y mi eterno afán de conocimiento me impulsaron a investigar más sobre el tema, y descubrí que había tantas variaciones de la práctica como libros, maestros, clases y creyentes. Lo que aquí presenta Kirsten Lagatree, y lo que yo he desarrollado como resultado de mi propia experiencia, mi formación, mis investigaciones y mi intuición, es un tipo de feng shui práctico, que combina elementos de distintas escuelas. Sigue un enfoque ecléctico que parte de diversas fuentes, sin hacer hincapié en ninguna en particular. A los que estudian feng shui siguiendo a un «maestro» o a una «escuela», seguramente les parecerá poco ortodoxo y blasfemo. Sin embargo, este método práctico me resulta efectivo, para mí misma y para mis clientes, y doy fe de que ha servido para traer cosas positivas a mi vida y a la de muchas otras personas. El uso de los medios tradicionales del feng shui (colores, números, símbolos de animales y elementos) para distribuir los muebles y los accesorios ayuda a armonizar el ambiente tanto del hogar como del trabajo, y la disposición de una habitación según los principios del feng shui hace que la energía fluya de otra manera y facilite el cambio.

Como dijo Ralph Waldo Emerson: «No hay conocimiento que no sea poder». El aprendizaje del feng shui le permitirá introducir cambios positivos en su vida. En este libro, Kirsten Lagatree nos ofrece un manual sencillo, de agradable lectura y sobre todo muy práctico, para aprender y aplicar el antiguo arte del feng shui. Se sorprenderá al ver cómo se le abren las puertas.

ANGI MA WONG

AGRADECIMIENTOS

Quiero expresar mi gratitud a todas las personas que han tenido tanto la paciencia como la generosidad de iniciarme en la práctica del feng shui. Un agradecimiento especial para Dick Barnes, mi supervisor en el *Los Angeles Times*, el primero que me embarcó en este viaje, y a Laura Lee, mi primera guía. Quiero agradecer también a Crystal Chiu y Dalana Leong del templo Yun Lin, a Louis Audet, Ashley Dunn, Johndennis Govert, Kartar Khalsa, Peter y Jenny Lee, James Moser, Kathryn Metz, Steven Post y, desde luego, a mi amiga y maestra Angi Ma Wong.

Quiero agradecer también a los que han compartido conmigo sus experiencias y aventuras personales en la práctica del feng shui: Edward Carson Beale, Casey Caves, Kristin Frederickson, Bruce Goff, Jeanne Gucciardi, Annie Kelly, Sam Lee, Helen Luk del Instituto Estadounidense de Feng Shui, Marina McDougall, Carol Meltzer, Joan Malter Osburn, Joy Ou, Eva Sax, Sharon Tedesco, Janet Tunick, Helga Weiss y Steve Wilson. Gracias a Karen Lesico y Jean Houts de la «Casa Tao» de Eugene O'Neill, y a Leslie Ehrman de la Sociedad Estadounidense de Diseñadores de Interiores por su colaboración y su experiencia.

Siento un afecto y una gratitud profundos hacia varios amigos que se han tomado la molestia de brindarme su apoyo y colaboración: Andy Black, Adele Borman, Jennifer Cockburn, Connie Goldman, Shobana Kokatay, George Lewinski, Harry Lin, David Pendlebury, Louis G. Perez, Lee y Barbara Shoag, David Stone, Harriet Williams y Henry Wong. Gracias a mi amiga Catherine Carlisle por su apoyo y sus minuciosos comentarios sobre algunas partes del manuscrito. Y muchas gracias al escritor y amigo Jan Burke, que me animó y me ayudó a resolver numerosos misterios de la actividad editorial.

Gracias a Frank Paine, ilustrador y visionario, cuya habilidad como artista sólo es superada por su descabellado sentido del humor y su talento para la amistad. Mi agente, Nancy Yost, merece un reconocimiento por ser inteligente, fuerte y divertida, siempre en el momento justo. Muchas gracias también a mi supervisora en Villard, Page Dickinson, tan meticulosa, creativa y generosa. Y gracias a la directora de publicidad de Villard, Suzanne Wickham-Beaird por su entusiasmo.

Un agradecimiento especial a mi esposo, John Barth, que se hacía cargo de la casa sin inconvenientes cuando me dominaba el frenesí. Un sincero agradecimiento a las Mujeres Literarias de Long Beach, que me brindaron su cariño, su estímulo y su apoyo durante tantos años. Mi cariño y mi gratitud a Bruce, Marion y Donald Lagatree, por alentarme. Y un agradecimiento y un cariño muy especiales a mis maravillosos suegros, John y Pat Barth, por estar orgullosos de mí.

INTRODUCCIÓN

¿Alguna vez ha entrado en una casa y se ha sentido a gusto de inmediato? ¿Qué era lo que producía esa sensación acogedora: los muebles, la forma de la habitación, la luz que entraba por la ventana? Puede que fuera muy difícil especificar la causa, pero que la armonía fuera evidente. Tal vez sintiera «buenas vibraciones», una cálida hospitalidad, o una combinación perfecta de comodidad y elegancia.

Es muy posible que experimentara la sensación de buen feng shui (se pronuncia algo así como «fang shuei»). Cuando en una casa hay buen feng shui, irradia serenidad. El edificio, el mobiliario y, por lo tanto, sus habitantes, están en armonía con la naturaleza.

La ubicación de un edificio, la distribución de los muebles y el contenido, y el uso del color en cada habitación son factores que contribuyen a que el ambiente esté equilibrado o no, a que nos aporte energía o nos ponga nerviosos, a que resulte positivo o negativo. Siguiendo las normas del feng shui, el antiguo arte chino de la disposición, partiendo de unos elementos básicos (el color, los muebles, los objetos artísticos, las plantas, la forma de la habitación y la situación) se trata de crear un medio ambiente equilibrado en un edificio, una vivienda o un despacho.

El significado literal de feng shui es «viento y agua», como representación del «entorno natural». Hace años, la vida cotidiana de los chinos se regía por la naturaleza. A medida que vayamos conociendo los principios del feng shui que se describen en el libro, veremos que la mayor parte de este antiguo arte chino deriva de las normas básicas de supervivencia en ambientes que pueden ser hostiles. En la actualidad, el feng shui es un medio de controlar y equilibrar nuestro entorno para alcanzar la felicidad, la prosperidad y la salud.

Hay numerosas escuelas de feng shui y, en cada una, muchas maneras de practicar este arte antiguo en tiempos modernos. La más antigua, llamada la escuela de la forma de la tierra (o simplemente de la forma), se remonta a la dinastía *tang* (618-907). Esta escuela, originaria de las montañas puntiagudas del sur de China, parte de las elevaciones del terreno, los ríos y otras formaciones naturales para evaluar la calidad de un lugar. (No obstante, la primera referencia escrita al feng shui procede de la dinastía *han* [202 a.C.-220]. *El canon de las viviendas*, escrito durante este período, se empleaba para situar las tumbas y los palacios de los emperadores.)

A medida que el feng shui fue adquiriendo mayor popularidad, se extendió más allá del sur de China, primero hacia el norte y, con el tiempo, a otras regiones y otros países. Poco a poco la práctica de este arte fue evolucionando hasta incorporar entornos nuevos, a menudo urbanos. En la actualidad, los maestros del feng shui no suelen depender exclusivamente de las masas terrestres para analizar un lugar. De hecho, la capacidad de adaptación de este arte antiguo se manifiesta en el hecho de que la práctica moderna incluye consejos sobre la colocación de televisores, ordenadores y otros aparatos electrónicos. Pero muchos de los conceptos de la escuela de la forma fueron absorbidos por las teorías posteriores, y sus observaciones sobre la influencia de la geografía en la calidad de vida constituyen todavía la esencia del feng shui que se practica en nuestros días.

Aproximadamente un siglo después de la aparición de la escuela de la forma, algunos estudiosos del tema comenzaron a usar brújulas, además de complejos cálculos astronómicos y astrológicos, para evaluar el feng shui de un lugar. La escuela de la brújula, o de Fukien, se desarrolló en las planicies del norte de China, como una respuesta evidente al problema de analizar una zona con pocos rasgos topográficos destacados. Esta escuela introdujo el concepto de que ciertos puntos cardinales ejercen influencias únicas sobre distintos aspectos de la vida. Por ejemplo, sostenía que el sur, por estar orientado hacia la trayectoria solar y opuesto a los vientos fríos del norte, era la dirección más auspiciosa, particularmente favorable para alcanzar la longevidad, la fama y la fortuna. Basada en el mismo mundo natural que la escuela de la forma, pero facilitando el uso del feng shui en lugares diversos, la escuela de la brújula representó un paso en la evolución del feng shui que se practica hoy día.

Finalmente surgió una tercera escuela, mucho más reciente, desarrollada en Berkeley, California, en los últimos cincuenta años, por el maestro Lin Yun. Cuando el movimiento del feng shui se comenzó a extender en Estados Unidos, el profesor Lin vio la necesidad de poner esta práctica antigua al alcance de un público más amplio y de adaptarla a nuevas situaciones. A tal fin, creó el método budista tibetano tántrico de la secta del bonete negro. Esta secta toma la puerta de entrada de un edificio o una habitación como punto de partida para analizar el feng shui de un lugar. En aquellos casos en los que la escuela antigua recurría a la brújula para determinar las partes de la habitación que representan situaciones importantes de nuestra vida, el método del profesor Lin localiza las zonas críticas en relación con la entrada. Por su sencillez y accesibilidad, la secta del bonete negro se ha hecho muy popular en Occidente.

En este libro partimos de lo mejor de cada escuela para presentar una guía práctica y sencilla sobre el arte del feng shui. Le ofrecemos un conocimiento básico suficiente de los principios del feng shui y le enseñamos a aplicarlos en su casa o en su lugar de trabajo. También le explicamos los errores más comunes en el diseño de interiores que pueden producir un mal feng shui y afectar negativamente su actitud, su nivel energético y hasta los detalles más íntimos de su vida personal y profesional. Y, sobre todo, le presentamos soluciones para neutralizar las influencias negativas y para ayudarle a conseguir la salud, la prosperidad y la paz interior.

Utilizando esta guía práctica puede analizar y transformar su casa, habitación por habitación. Del dormitorio principal a la cocina, pasando por el estudio, aprenderá las técnicas para crear armonía y equilibrio en su entorno. El feng shui no es mágico pero, cuando se usa adecuadamente, los efectos sobre la vida se notan.

FENG SHUI PARA EL HOGAR

UNO

EL FENG SHUI: QUÉ ES, DE DÓNDE VIENE, CÓMO FUNCIONA

El feng shui nos ofrece la oportunidad de llevar un poco de ventaja en esa especie de ajedrez celeste que es el destino. La geomancia, como también se lo llama, es el arte de manipular el entorno físico con el fin de dirigir el destino en una dirección favorable.

El objetivo del feng shui es nada menos que alcanzar el equilibrio entre el yin y el yang, las dos fuerzas contrarias pero complementarias del universo, mediante la adecuada distribución de los objetos que hay dentro y alrededor de la vivienda. En este libro vamos a aprender a mezclar y combinar los cinco elementos (tierra, agua, fuego, metal y madera), junto con los colores y las formas, para producir equilibrio y armonía en nuestro entorno personal.

El feng shui se concibe como una mezcla de arte y ciencia, con raíces en la ecología, la estética, la filosofía, la astrología y el diseño de interiores. Trasciende los límites del pensamiento racional y el ámbito rígido de la lógica, a pesar de lo cual tiene una sólida base de sentido común y observación científica. Joan Malter Osburn, diseñadora de interiores y residente en San Francisco, apunta: «Se trata de sentirse cómodo en un espacio, tanto psicológica como físicamente. Una habitación funcional y de aspecto agradable va a tener buen feng shui.»

UN POCO DE HISTORIA

Hace por lo menos tres mil años, como los campesinos del sur de China dependían de la tierra y de las fuerzas que la regían, elaboraron ciertos principios del feng shui. Descubrieron que vivir en armonía con la naturaleza hacía que la vida fuera mucho más fácil y, a base de cometer errores, aprendieron que romper el equilibrio con el medio ambiente provocaba desastres.

Las viviendas construidas en los valles de los ríos de vez en cuando eran arrasadas por las inundaciones, mientras que las poblaciones situadas entre montañas no sólo quedaban protegidas de los elementos sino que también eran más fáciles de defender ante un ataque que las situadas en terreno llano. De ahí que fueran preferibles las construcciones en las montañas. Los antiguos chinos comprobaron que las edificaciones orientadas hacia el norte eran las más afectadas por las nocivas tormentas de polvo amarillo procedentes de Mongolia. Así mismo, las casas que miraban al norte eran menos acogedoras porque no aprovechaban al máximo el calor del sol. Por lo tanto, comenzaron a considerarse propicias las construcciones orientadas hacia el sur. Como siempre se ha prestado atención al feng shui para situar y construir el palacio imperial, los chinos tienen un dicho: «El que mira al sur llega a ser rey».

Además de las aplicaciones prácticas del feng shui para la agricultura y la noble tarea de albergar al emperador, también se recurría a los antiguos geománticos chinos para enterrar a los difuntos. Puesto que la veneración de los antepasados constituye una parte importante de la cultura china, el feng shui fue (y en muchos casos sigue siendo) de suma importancia para localizar el mejor lugar donde enterrar a los familiares. Existe la opinión generalizada de que los antepasados, cuando son enterrados en un lugar adecuado, están predispuestos a observar con mejores ojos a sus parientes que siguen luchando en la tierra. Cuando los antepasados se sienten felices, gracias al buen feng shui de sus tumbas, derraman dones sobre los vivos, como prosperidad, honor, larga vida y descendientes sanos.

> Una contable llamada Sylvia, que vivía en el norte de California, sufrió una depresión y comenzó a tener peleas con su marido y dificultades en el trabajo después de mudarse a una casa nueva y espaciosa. Consultó a un geomántico que averiguó que la construcción tenía mal feng shui para ella, en parte porque necesitaba más luz y calor de los que le proporcionaba la casa, orientada hacia el norte.
>
> El experto en feng shui le recomendó unas medidas concretas para que entrara más luz, utilizando espejos, arañas de cristal y lámparas distribuidas estratégicamente. Estos cambios representaron una estrategia, simbólica y concreta al mismo tiempo, para solucionar los problemas ya que la incorporación de esa luz tan necesaria para ella le proporcionó el calor que le faltaba, tanto en sentido literal como metafórico, desde su traslado a la nueva casa.

EL CHI

Si bien los chinos dicen a veces que el chi es el aliento del dragón cósmico, la palabra «chi» significa, literalmente, energía. El chi es el flujo invisible de energía que circula por la tierra y el cielo, llevando consigo la fuerza vital. Es el ingrediente fundamental del feng shui. Del mismo modo que un edificio y sus habitantes se benefician de la circulación constante del aire, nada va bien si no fluye una buena cantidad de chi.

La práctica del feng shui consiste en aprovechar esta fuerza vital para sacar el mayor beneficio de sus efectos positivos. Reforzando y canalizando la circulación del chi, se puede influir en el destino.

El chi circula mejor cuando imita a la naturaleza y fluye en curvas suaves, en lugar de correr en línea recta o de girar bruscamente, porque entonces se mueve demasiado aprisa o se bloquea fácilmente. Las estructuras hechas por el hombre que cambian el entorno (como carreteras, túneles, urbanizaciones y demás) pueden afectar negativamente su circulación, produciendo chi malo, o sha. Las aberturas o entradas estrechas crean energía desfavorable porque el chi pasa con tanta rapidez que no deja ningún efecto benéfico. Al pasar por ángulos o esquinas muy cerrados, produce «flechas envenenadas» que lanzan fuerzas perniciosas a todo lo que encuentran a su paso. El sha puede producir mala salud, peleas familiares, dificultades económicas, mala suerte, y todo tipo de problemas y desgracias. Si el chi bueno es el aliento cósmico, se puede decir que el sha es el mal aliento cósmico.

Del mismo modo que el chi de nuestro entorno afecta nuestra fortuna y hace que el mundo sea como es, el chi humano nos da vida y nos hace ser lo que somos. En cada individuo, de la calidad del chi depende la personalidad, además de la salud y la vitalidad. Determinadas prácticas chinas, como la meditación, las artes marciales y la acupuntura (que utiliza pequeñas agujas para redistribuir el chi dentro del cuerpo), son formas de corregir y aumentar la circulación del chi. Incluso se considera al feng shui una especie de «acupuntura para la casa».

Los que alguna vez han ido a sesiones de yoga es probable que hayan oído hablar del «prana», la fuerza vital que aporta energía al cuerpo cuando la utilizamos y la dirigimos con la respiración. Al organizar la casa siguiendo los principios del feng shui, estamos haciendo algo semejante, canalizando esa fuerza en un sentido positivo y eliminando bloqueos que impiden que la vitalidad circule sin trabas.

Los obstáculos al flujo del chi en el cuerpo humano ocasionan problemas que van desde inhibiciones hasta enfermedades. Los efectos son muy personales; el hecho de que uno se ponga malo, tenga problemas en el trabajo o discuta con la familia depende de su propio chi. En una vivienda, el chi bloqueado, o sha, trastorna la vida de sus habitantes de muchas formas, que incluyen desde enfermedades hasta aspectos tan dispares como el parto, la carrera y la situación económica, las perspectivas matrimoniales y la relación con los amigos y familiares.

También es importante la circulación del chi mientras uno duerme. El dormitorio tiene que ser un lugar sereno y tranquilo, pero si la cabecera de la cama está en línea con la puerta del dormitorio, es probable que el chi no circule bien dentro de la habitación. De este modo, uno duerme rodeado de chi bloqueado y estancado, y por la mañana se levanta atontado y cansado.

Estos son algunos ejemplos de cómo el feng shui combina lo místico con lo lógico: si bien las normas sobre el lugar donde colocar la cama en un principio pueden parecer extrañas y misteriosas, en realidad se refieren a disponer el dormitorio de modo que contribuya a la salud, la felicidad y el bienestar general del durmiente. Se deduce que una persona sana, que descanse bien y que esté en paz con el mundo naturalmente será más eficaz, más afortunada y más próspera. De modo que este es un ejemplo de cómo puede cambiar efectivamente su vida simplemente con reorganizar una habitación. Así mismo, verá que la observación de las normas del feng shui para resolver el diseño interior de la casa le permitirá obtener resultados más armoniosos y más agradables estéticamente en cada habitación.

EL YIN Y EL YANG

Un concepto esencial para el pensamiento chino es que las fuerzas opuestas del yin y el yang son fundamentales en el universo. La relación entre el yin y el yang también es clave para el feng shui. El yin es femenino y el yang, masculino. El yin es oscuro y el yang, claro. El yin es pasivo y el yang, activo. El yin representa la tierra, la luna, la receptividad, la oscuridad y el frío. El yang es el dragón, agresivo, fuerte, caliente, inquieto y vivo; representa el cielo y el sol. El yin es la muerte y el yang, la vida. Pero estas fuerzas opuestas no se enfrentan la una a la otra como el «bien» o el «mal» sino que son complementarias; su existencia depende la una de la otra: sin oscuridad no puede haber luz, sin vida no puede haber muerte. El universo requiere que haya equilibrio entre las dos.

La interacción del yin y el yang produce los cambios que mantienen el mundo en movimiento: después del verano viene el invierno, después de la noche, el día. Y a medida que equilibramos estas fuerzas en el feng shui, descubrimos que la mala o la buena suerte cambian según lo equilibrado que esté nuestro entorno.

El principio que enlaza los conceptos de yin, yang y chi se conoce como «Tao», que significa «el camino». El taoísmo se dedica a la búsqueda constante de armonía y equilibrio, en per-

El punto blanco en el trozo negro del símbolo yin/yang y el punto negro del trozo blanco nos recuerdan que cada cualidad posee algo de su opuesta.

manente lucha para combinar las cantidades justas de yin y de yang en todas las cosas, lo mismo que el feng shui.

El feng shui parte de la sabiduría del *I-Ching*, conocido en Occidente como *El libro de las transformaciones*, un antiguo tratado chino que se sigue consultando como referencia tanto práctica como mística. El *I-Ching*, anterior tanto al taoísmo como al confucianismo, sirve de base a la mayor parte del pensamiento y la filosofía chinas, destaca la naturaleza fundamental del cambio y el flujo en la fortuna de cada uno y resalta el vínculo entre nuestro destino y el mundo natural. La premisa básica es que el entorno ejerce una fuerte influencia sobre el destino.

EL BA-GUA

El esquema que aparece en la página 34 se basa en el ba-gua, una figura procedente del *I-Ching* que nos va a servir como referencia para analizar la casa en los capítulos siguientes. La forma octogonal del ba-gua encierra el símbolo yin-yang, y sus ocho lados representan los ocho puntos cardinales, cada uno de los cuales rige un aspecto fundamental de la vida: la carrera, el conocimiento, la salud, la riqueza, la fama, el matrimonio, los hijos y los benefactores. Cada punto cardinal incluye en su esfera de influencia otros componentes (colores, estaciones, números y animales). Mediante una distribución equilibrada y armoniosa de estos elementos tan dispares se puede manipular el destino.

Los cuatro puntos cardinales (sur, oeste, norte y este) se asocian con cuatro de los cinco elementos fundamentales: fuego, metal, agua y madera, respectivamente. El quinto, la tierra, se encuentra en el centro del esquema. Según la concepción china, toda la materia está compuesta por estos cinco elementos que, en conjunto, constituyen la fuerza esencial de la vida: el chi.

PONER EN PRÁCTICA EL FENG SHUI

Para sacar provecho del feng shui, hay que mirar no sólo la casa y todo lo que contiene sino también las circunstancias de la vida de cada uno y los objetivos que persigue al efectuar cambios, ya sean personales o profesionales.

A medida que vayamos repasando la casa en cada capítulo, haremos un balance de estos objetivos y buscaremos los puntos cardinales, los colores, los elementos y demás medios para adaptar el chi a fin de sacarle el máximo provecho en nuestra vida. Pero antes de comenzar a aplicar un tratamiento de feng shui, conviene diagnosticar correctamente el problema y el objetivo.

He aquí algunos consejos que conviene tener en cuenta:

- Centrarse. Hay que dedicar un tiempo a pensar en uno mismo, la carrera, la familia, la situación económica, los objetivos; en resumen, todos los aspectos de la vida que uno quiera mejorar o cambiar. (Consúltese el ejercicio de la página 32.)

- Ser flexible. Es muy posible que haya más de una solución para una situación determinada, y que algunas surtan efecto mejor o antes que otras. Es preferible hacer una prueba y esperar a ver los resultados, por mínimos que sean. Si no se obtiene el resultado que uno espera al cabo de unas semanas, hay que aplicar otro método, si resulta práctico.
- No subestimar el poder de los cambios pequeños. Según los objetivos que se fije cada uno y la habitación en la que trabaje, es posible que baste con agregar una planta o un espejo, colgar determinado cuadro, o cambiar la posición de una mesa.
- Ser realistas. No olvidemos que el feng shui no es magia. Si se introducen pequeños cambios, los efectos también serán pequeños.
- Mantenerse abierto. En la comprobación de resultados, conviene evitar los extremos: ni hacer un control obsesivo y cotidiano, ni caer en la incredulidad de no esperar ningún resultado. El equilibrio es la clave del feng shui.

Es muy reconfortante saber que, con el feng shui, estamos aplicando métodos muy antiguos para orientar e influir en el destino. Lo aprendido a lo largo de tres milenios de observación cuidadosa constituye una buena base para organizar nuestra casa, o nuestra vida.

EJERCICIO

Para que el feng shui sea eficaz, hace falta que nos centremos cuidadosamente en nuestros objetivos personales. Dediquemos unos minutos a analizar las preguntas siguientes y a pensar muy bien las respuestas.

- Cuando me levanto por la mañana, ¿me siento fresco, descansado y emprendedor?
- ¿Alguno de mis familiares sufre una enfermedad crónica?
- ¿Estoy satisfecho con mi relación con mi cónyuge o compañero/a?
- ¿Me gustaría que la familia se llevara mejor?
- ¿Estamos intentando tener hijos?
- Mi trabajo o mi carrera, ¿van todo lo bien que quisiera?
- Cuando me dispongo a trabajar, ¿me siento eficiente, efectivo, y capaz de trabajar bien?
- ¿Gano lo que creo que me merezco?
- ¿Me gustaría controlar mejor mi situación económica?
- En mi vida, ¿cuento con buenos amigos y personas que me ayuden?
- Mis amigos, colegas y familiares, ¿tienen una buena opinión de mí?

Cuando hayamos decidido qué aspectos de la vida queremos mejorar, podremos ser más efectivos a la hora de elegir los ámbitos de la casa o el trabajo en los que vamos a concentrarnos y las soluciones y los cambios que mejor nos sentarán. No conviene dedicarse a más de una o dos cuestiones a la vez.

DOS

LO FUNDAMENTAL DEL BA-GUA

Los instrumentos básicos del feng shui, los principales componentes del ba-gua, proceden del mundo natural que nos rodea: los puntos cardinales, los cinco elementos básicos y los colores de la naturaleza, del rojo fuego del atardecer al verde pálido de una hoja nueva. Utilizando cuidadosamente estos instrumentos naturales, se puede alcanzar la armonía con el medio ambiente y disfrutar de la salud, la felicidad y el éxito que produce.

LOS PUNTOS CARDINALES

Los ocho puntos cardinales son componentes fundamentales del feng shui. Conociendo estos puntos, sus características y sus áreas de influencia, se puede crear un buen feng shui o introducir cambios positivos para solucionar situaciones desfavorables.

EL SUR

Los chinos le dan tanta importancia al sur que lo ponen en la parte superior de los mapas y lo toman como referencia para orientarse, del mismo modo que los occidentales utilizan el norte. (Así se refleja en el esquema de la página 34, que pone el sur

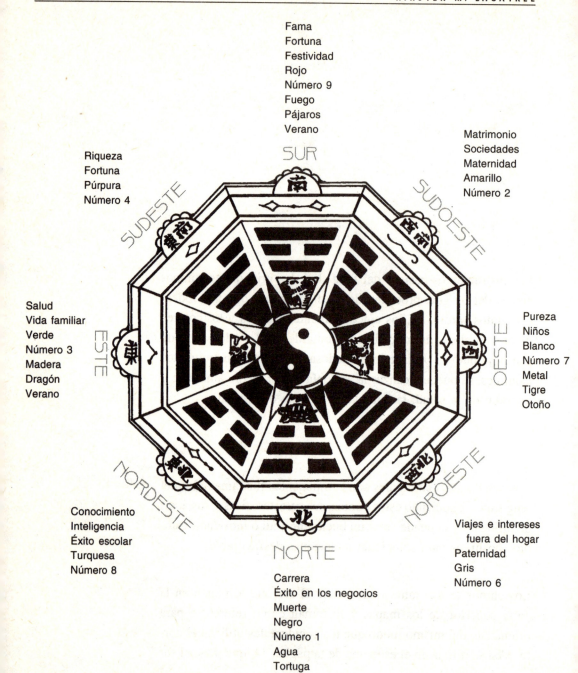

arriba.) El sur representa un punto culminante en todos los sentidos: así como domina en lo alto de la brújula, representa también el verano como apogeo del año. Es el punto cardinal más beneficioso, con numerosas connotaciones positivas. La fama, la fortuna y la festividad, que supuestamente llegan con mayor facilidad en los días cálidos y ociosos del verano, se rigen por el sur. No nos sorprende que se asocie este punto cardinal con el calor, el fuego y el color rojo, que para los chinos es el color del festejo y la felicidad. Pintando de rojo una puerta orientada hacia el sur, nos protegemos del mal y, al mismo tiempo, atraemos la fama y la fortuna. Las aves están muy relacionadas con el sur, por ejemplo el ave fénix, que renace siempre de sus cenizas para volver a empezar, como sale el verano del invierno y el día de la noche. Con el sur se asocia el nueve, el mayor dígito, que sugiere el derroche del verano.

EL OESTE

El punto donde se pone el sol se asocia, naturalmente, con el otoño y la cosecha. El metal, que se extrae de la tierra y se utiliza para fabricar arados, guadañas y otros instrumentos agrícolas, es el elemento que corresponde a este punto cardinal. El color del oeste es el blanco, que representa el brillo del metal y sugiere, a su vez, sus principales zonas de influencia: la pureza y los niños. El tigre blanco es el animal del oeste, y el siete, su número.

EL NORTE

Así como el sur representa el calor, la abundancia y las rosas del verano, el norte se asocia con las bajas temperaturas, la desnudez y la negrura del invierno. Mientras que el sur está representado por el fuego, el norte se asocia con el agua, el elemento contrario. El agua simboliza también el dinero para el feng shui:

cuanto más oscura o profunda sea el agua, más dinero representa; el agua que fluye representa el flujo de dinero. Este punto cardinal rige la carrera y la actividad comercial. Algunos de los aspectos más negativos de la vida —la muerte, la calamidad, el mal— quedan dentro de la zona de influencia del norte. El animal que le corresponde es la tortuga, símbolo de longevidad, que mitiga su asociación con la muerte. El número del norte es el uno.

EL ESTE

El este, el punto cardinal del sol naciente, se asocia con el crecimiento, la salud y la vida familiar. La estación que se relaciona con el este es la primavera, así como la contraria, el otoño, se relaciona con el oeste. La juventud y el color verde también quedan bajo la influencia del este. La madera, que representa todo lo que crece, es el elemento dominante y el dragón, como símbolo de fuerza, poder y crecimiento, su animal. La armonía y la prosperidad también se rigen por el este. Su número es el tres.

EL SUDESTE

La mitad de los puntos cardinales rigen algún aspecto de la economía, pero el sudeste es el que se asocia más directamente con la riqueza, tal vez porque la mayor parte del comercio chino tuvo lugar en las ciudades de la costa sudeste; por ejemplo, Hong Kong es un ejemplo actual de un próspero centro comercial del sudeste. El púrpura es el color que más se asocia con este punto, representado por el número cuatro.

EL SUDOESTE

El sudoeste, otro punto cardinal con una connotación práctica muy concreta, rige el matrimonio, los esposos, y todo tipo de sociedades. También corresponde a la maternidad. El amarillo, el color del elemento más básico, la tierra, es el tono predominante. El dos, que representa a los pares, los socios y la relación madre-hijo, es el número que se asocia con él.

EL NORDESTE

Este es el punto cardinal al que hay que prestar atención cuando uno mismo, o alguien de su familia, tiene ambiciones académicas o pretende alcanzar el éxito en los estudios. El nordeste representa el conocimiento, la inteligencia y el aprendizaje. Le corresponde el color turquesa, que combina el azul cielo de las nobles aspiraciones con el verde del crecimiento y la juventud que está en el este. El ocho, que en cantonés se pronuncia como la palabra «prosperar», es el número que le corresponde, porque los chinos atribuyen mucha importancia a la educación como medio para alcanzar el éxito y la prosperidad.

EL NOROESTE

Las zonas situadas al noroeste de la casa o el lugar de trabajo gobiernan los viajes, tanto internos como internacionales. Este punto cardinal rige también la paternidad y los intereses o las aficiones que se desarrollan fuera del hogar. Una de las zonas de influencia más fuertes del noroeste, al reflejar la vida fuera de las paredes familiares, son los benefactores o las personas que nos ayudan. Su número es el seis y el gris, su color.

LOS CINCO ELEMENTOS

Para crear un buen feng shui o para corregir el malo, uno de los mejores métodos consiste en usar los cinco elementos con inteligencia, tanto en casa como en el trabajo, dentro de lo posible.

El ciclo creativo
de los elementos.

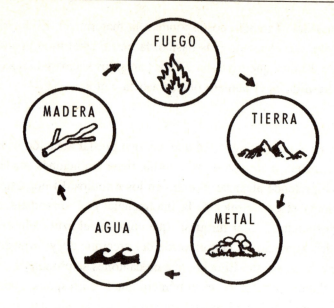

El ciclo destructivo
de los elementos.

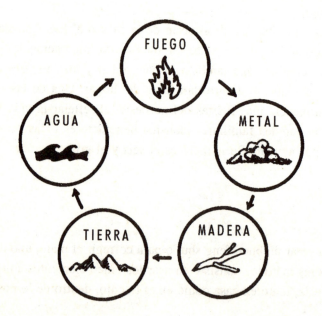

Combinar, separar y distribuir los cinco elementos en los puntos cardinales adecuados es uno de los métodos básicos para equilibrar el feng shui en casa.

Los elementos interactúan en un ciclo que puede ser creativo o destructivo, y la forma en que estén representados afecta el delicado equilibrio de nuestro entorno.

Dentro del ciclo creativo, quemar madera alimenta el fuego, el fuego produce tierra a partir de las cenizas, a su vez la tierra produce la mina de donde se extrae el metal, el metal proporciona el agua que se condensa sobre su superficie, y el agua nutre y produce las plantas y los árboles, de donde sale la madera.

Pero también hay un ciclo destructivo, que recuerda ese juego que hacen los niños con las manos: «piedra, papel y tijeras»: el fuego funde el metal, el metal corta la madera, la madera se pudre en la tierra, la tierra enloda el agua, el agua apaga el fuego.

En la antigua China, se creía que la mala suerte y los desastres naturales se debían a los trastornos en el flujo del ciclo creativo. Aunque una sola persona no pueda producir calamidades inmensas por alterar los ciclos, sí que es posible que, sin darse cuenta, desequilibre partes de su vida personal y profesional, creando así un ciclo destructivo. De este modo, como mínimo uno pierde algo positivo por no aprovechar lo mejor posible el ciclo creativo.

He aquí algunos ejemplos de cómo funcionan las combinaciones creativas y destructivas:

- El fuego se asocia con el sur y el color rojo, así como la fama, la fortuna y la festividad. Para aumentar nuestra fortuna, obtener fama o incluso para darle un toque más festivo a la vida, conviene poner algunas velas rojas en la esquina o la pared sur del cuarto de estar o la oficina.

- El agua, por su parte, apaga el fuego. No conviene colocar un acuario, una fuente, ni siquiera una imagen de ningún elemento acuático en la parte sur de la habitación. Tanto si intentamos aumentar el elemento fuego en esta zona, para mejorar la buena fortuna, como si no, el hecho de colocar allí algo relacionado con el agua nos arruinará la oportunidad de alcanzar la fama, la fortuna y todas las demás cosas buenas que ofrece el sur.
- No se debe poner nada metálico, como un candelero de bronce o unas fuentes de peltre, junto a una pared situada al este. En el ciclo destructivo, el metal corta la madera, el elemento del este, y esto podría provocar la desintegración de la fuerza o la sensación de cohesión de la familia.
- Puesto que el oeste se relaciona con la infancia, para ayudar al niño a desarrollar el chi de forma positiva, conviene poner algo blanco y metálico (una lámpara, una estatua o un portarretrato) junto a la pared de su dormitorio que da al oeste. Rory tenía cinco años y sus compañeros se burlaban de él, hasta que sus padres fortalecieron su chi mediante un sencillo procedimiento: colocaron un hormiguero de cristal con un marco metálico blanco junto a la pared de su cuarto que daba al oeste; de este modo, sacaron provecho del interés del niño por la naturaleza, mientras que la tierra del hormiguero reforzó el efecto positivo, porque en el ciclo creativo la tierra produce metal.

Uno se puede divertir y ser creativo al mismo tiempo que aumenta el feng shui positivo. Los objetivos y los intereses de cada persona la llevan a hacer los ajustes más adecuados, según sus propias necesidades.

LOS COLORES

El color es uno de los aspectos más importantes en cualquier esquema decorativo y suele ser lo primero que uno observa al entrar en una casa. Hace que una habitación parezca más grande o más pequeña, más cálida o más fría, más alegre o más triste. Como el color afecta lo que sentimos al mirar una habitación, es un componente importante de su feng shui.

Además, la elección del color es muy personal. Como veremos a continuación, existe suficiente variedad en el sentido y la relación de los colores primarios como para disponer de un amplio margen para elegir los matices que proporcionen buen feng shui sin tener que forzar nuestras preferencias.

Conviene decorar una habitación con el tono que mejor favorezca la actividad que se vaya a desarrollar en ella, ya sea dormir, estudiar, cocinar o recibir visitas. También se la puede pintar con un color relacionado con los objetivos que uno se proponga conseguir en ella. Por ejemplo, cuando uno acaba de fundar su propia empresa y espera alcanzar tanto el éxito como una reputación sólida, para decorar el despacho o el estudio conviene usar el negro, que significa éxito comercial además de dinero, y el rojo para la fama, que significa mejorar la reputación. Aunque pintar un estudio de negro a muchos les parecerá triste y deprimente, por no decir nada peor, se puede usar con discreción para conseguir un efecto beneficioso. Cuando se usa el negro para destacar otros colores más claros, produce un efecto impactante, además de favorable.

El blanco es un color ambiguo. Aparte de representar la pureza, es el color que los chinos usan para los funerales y el duelo, en vez de emplearse para las bodas y otras ocasiones dichosas, como ocurre en Occidente. Conviene usarlo para destacar la pureza, por ejemplo en un dormitorio infantil o en la cocina. Como es un color yang (que corresponde a lo masculino y tiene entre sus características la dureza y el brillo) conviene compensar una habitación blanca con toques de colores más oscuros para introducir el yin, un elemento femenino, oscuro y suave, y mantener el equilibrio yin-yang de la habitación y su feng shui. No conviene decorar nunca el cuarto de estar todo de blanco ya que, al ser el lugar más público de la casa, ya es una habitación yang, de modo que una sala totalmente blanca resultaría dura y estéril y no facilitaría la relajación ni las reuniones amistosas.

Tanto el verde como el azul se asocian con el elemento madera, con la primavera y el renacer. Los antiguos chinos utilizaban la misma palabra para describir el azul del cielo y el verde de las cosas que crecen. Los dos colores son muy adecuados para habitaciones orientadas hacia el este, donde destacan la salud, la vida familiar, la armonía y el crecimiento.

El amarillo es práctico y versátil en casa. Era el color oficial del emperador y actualmente sirve para añadir un toque de nobleza a cualquier habitación. Conviene elegir algún tono, desde los amarillos más claros hasta ocres o dorados, para el salón, el despacho, o cualquier lugar donde se pretenda obtener brillo o gran honor. Además, el amarillo corresponde al sudoeste, que rige la maternidad, por lo cual suele ser efectivo en el dormitorio de las parejas que quieren tener un hijo.

El rojo es el color de la suerte y se asocia con el fuego, la vida, la felicidad y la calidez. Al llegar el año nuevo chino, los empleados y los hijos de las familias chinas reciben paquetitos o sobres rojos con dinero o regalos, como símbolo de buenos deseos. Las novias chinas se visten de rojo, y las tarjetas de cumpleaños y las invitaciones de boda se imprimen en papel rojo. El rojo se asocia con el sur. Quien tenga la suerte de que la puerta principal de su casa esté orientada hacia el sur, ¡que no deje de pintarla de rojo!

> En chino, la palabra «amarillo» tiene una pronunciación similar a la de la palabra «real» y por eso se eligió este color, hace miles de años, para uso exclusivo de la familia imperial. Bajo pena de muerte, ningún chino, aparte del emperador, podía usar ningún tono de amarillo ni dorado. Como el emperador representaba el vínculo entre el cielo y la tierra, el feng shui a veces utiliza el amarillo como símbolo de esta conexión, para destacar el equilibrio yin-yang de una habitación. En la actualidad, se considera que el amarillo también aporta nobleza y mucho honor, sobre todo a una familia.

LOS NÚMEROS

Todos los números no son iguales. Algunos traen mucha más suerte que otros y son muy apreciados para la dirección, el número de teléfono o de fax, y las matrículas de los coches.

El nueve representa la plenitud del cielo y la tierra. Es el número más afortunado, en parte por sus características aparentemente místicas: al multiplicarlo por cualquier dígito, la suma de los dos dígitos del producto es igual a nueve. Por ejemplo: dos por nueve es igual a dieciocho, y el uno más el ocho dan nueve. Siete veces nueve es igual a sesenta y tres, y el tres más el seis dan nueve. No es casualidad que el nueve se asocie además con el sur, el punto cardinal más auspicioso.

Lillian Too, experta en feng shui, cuenta la historia de un magnate de Hong Kong llamado Dickson Poon, que está convencido de que el nueve es un número muy especial. Para que le dé buena suerte, el Rolls Royce particular de Poon lleva la matrícula 9999.

El ocho es otro de los números favoritos, porque su pronunciación se parece a la de la palabra cantonesa que significa «prosperidad». Hay otros guarismos que contienen el ocho que también dan suerte por la manera como se pronuncian en cantonés, como por ejemplo cuarenta y ocho, que suena como «mucha prosperidad». La popularidad del veintiocho se debe a que suena como «fácil prosperidad». En cambio, se evita el cincuenta y ocho porque suena como «sin prosperidad».

La palabra cantonesa «seis» se parece a «ciervo», y como este animal es símbolo de larga vida, el seis se considera un número afortunado.

El cuatro encabeza la lista de números que traen mala suerte porque su pronunciación es igual a la de la palabra china para «muerte». En California, una persona que estaba buscando casa se negó a entrar en una que ponía 444 en la dirección. Cuando el agente inmobiliario le preguntó el motivo por el cual no quería ni siquiera entrar a verla, respondió: «¿Cómo voy a vivir en una casa que me está diciendo: «muere, muere, muere»?» De todas maneras, hay formas de sacarle provecho a esta cifra. Se puede resaltar la propiedad que tiene el sudeste de otorgar riqueza, colocando cuatro objetos de color púrpura (por ejemplo, flores o estatuillas) en la parte sudeste de la casa o de la habitación, porque el cuatro y el púrpura son el número y el color que corresponden a este punto cardinal.

TRES

LA CASA EN EL MUNDO

La circulación del chi en nuestro cuerpo y en el lugar donde vivimos afecta considerablemente nuestra vida. El chi está por todas partes, pero existe en formas que pueden ser beneficiosas o perniciosas, según su flujo y su velocidad. Cuando circula sin trabas y plácidamente, ejerce una influencia positiva y aporta energía vital a todo lo que encuentra a su paso. Cuando se bloquea y se estanca, o cuando se mueve a una velocidad excesiva, puede producir efectos negativos en nuestro bienestar. El feng shui tiene por objeto, en gran medida, aprovechar el chi bueno y orientar su flujo.

Cuando uno sabe cómo atraer el chi bueno, se puede manipular su flujo para que nos permita disfrutar de sus beneficios y alcanzar objetivos concretos. Y cuando uno sabe cómo se origina el chi malo, puede buscar soluciones, «reparando» el tipo de flujo que nos ocasiona dificultades a nosotros mismos o a nuestra vida familiar.

El chi es una fuerza de la naturaleza, el aliento vital. Donde el mundo natural prospera, o donde se repiten en el interior los modelos de la naturaleza, el chi va bien. Y a su vez, cuando el chi fluye cómodamente, el equilibrio de la naturaleza se percibe con claridad.

Miremos a nuestro alrededor para determinar el modo en que nos afecta el chi. Unos árboles robustos, la hierba sana y un buen diseño de los jardines, bien cuidados, y unas casas o unos edificios que se mantienen en buen estado, son indicios bastante fiables de que el chi fluye bien y hay equilibrio entre el yin y el yang. La hierba marchita, los árboles raquíticos o los edificios ruinosos pueden indicar que el chi se mueve demasiado aprisa, o quizá que está bloqueado o estancado.

Los buenos vecinos son otro síntoma de la circulación de chi bueno en la zona. Estar rodeados de personas amables y serviciales es una ventaja más del chi positivo. Los buenos vecinos no sólo reflejan el buen chi sino que además contribuyen a mantenerlo, prestándose colaboración y protección los unos a los otros, tanto en lo que se refiere a dejarnos unos huevos o una taza de azúcar de vez en cuando, como en vigilar la propiedad del otro para impedir robos.

Pero si lo que vemos a nuestro alrededor no tiene un aspecto positivo, no nos desanimemos. Se pueden introducir diversos cambios para mejorar la circulación del chi, desde ocuparse de la casa y el jardín lo mejor posible hasta tomar medidas para producir un chi vibrante y fluido en el exterior de la casa. No hacen falta montañas ni ríos sinuosos para que el chi circule bien. Hay maneras de obtener simbólicamente las ventajas que brindan estos elementos naturales.

DRAGONES Y TIGRES

El monumento más conocido de China, la gran muralla, es una fortaleza impresionante que serpentea a lo largo de kilómetros de terreno montañoso. Basta una mirada para comprender lo importante que ha sido siempre la protección para el pensamiento chino. Según la antigua escuela de feng shui de la forma de la tierra, la mejor protección es la que brindan los tigres y los dragones, pero no esos que echan fuego que aparecen en la mitología occidental, sino los benévolos protectores de las tradiciones chinas. Si recordamos que los chinos consideran al chi el aliento cósmico del dragón celeste, es fácil de comprender que uno quiera tener un dragón cerca de su casa.

Evidentemente, los dragones y los tigres no son animales domésticos, ni siquiera en la antigua China. En realidad, nos referimos a elevaciones del terreno dispuestas de una determinada manera que brinda el máximo de protección y un buen feng shui.

Según la venerable escuela de la forma de la tierra, para que un lugar sea perfecto para construir una casa tiene que haber una elevación «dragón verde» al este, una «tigre blanco» al oeste, y una cadena montañosa «tortuga negra» detrás. Estos colores corresponden a los puntos cardinales que representa cada animal en el esquema del ba-gua. El verde representa el este, el blanco es el color del oeste, y el negro se asocia con el norte.

Una ubicación así, entre masas terrestres protectoras, coloca la vivienda en una especie de sillón geológico, con un respaldo alto y unos lados defensivos, que dan idea de comodidad y, al mismo tiempo, de la protección natural que brindan las bestias míticas. Para alcanzar el equilibrio perfecto, junto al fuerte dragón protector, que representa el elemento yang masculino, se coloca un tigre, que representa el aspecto femenino, o yin, del universo. Aparte de la protección y la armonía que proporciona el hecho de tener un tigre y un dragón a los lados, la tortuga detrás añade además el beneficio de la longevidad que esta simboliza.

Está claro que en muchos barrios modernos es muy difícil vivir bajo la protección benévola de dragones y tigres, ni siquiera de montañas. Pero podemos aprovechar de otro modo la protección simbólica que nos brindan estos animales.

Posición ideal de la casa, entre un monte dragón y un monte tigre.

Unos árboles altos que den mucha sombra, o unos edificios un poco más elevados, situados por detrás y a los lados, pueden representar las elevaciones que constituyen el «sillón». Y del mismo modo que se cultivan los árboles como protección, conviene cultivar a los vecinos. En las viviendas contemporáneas, los buenos vecinos son unos de los principales guardianes, y llegan a ser excelentes sustitutos del dragón y el tigre.

FLECHAS ENVENE-NADAS

Las curvas suaves o serpenteantes reflejan los diseños naturales; en cambio, en el feng shui, las líneas rectas se consideran antinaturales porque suelen alterar el entorno natural. Precisamente las líneas rectas suelen provocar un aumento en la velocidad del chi que puede ser perjudicial para la salud y el bienestar. Cuando los edificios u otras estructuras dirigen el chi a lo largo de líneas o ángulos rectos, se forman las llamadas flechas envenenadas o secretas. Cuando hay flechas apuntando hacia nosotros o hacia nuestras pertenencias, somos vulnerables a sus energías destructivas.

He aquí algunos elementos que conviene observar en el edificio, la calle y el jardín, porque pueden dar origen a flechas envenenadas:

- Postes telefónicos o farolas justo delante de la puerta.
- Tejados en ángulo que apunten hacia la casa.
- Las esquinas sobresalientes de otros edificios que apunten como flechas hacia la casa.

Si descubrimos alguna flecha envenenada apuntando hacia nuestra casa, podemos neutralizarla mediante un árbol o un seto, o desviarla colocando un espejo en el exterior, dirigido hacia el origen de la flecha.

LA PUERTA PRINCIPAL

La puerta principal no sólo permite acceder al interior de una casa sino también a la vida privada de sus habitantes; es un conducto procedente del mundo exterior que ofrece a las visitas la primera impresión de cada uno y también del lugar donde vive. Esta puerta y la forma de acceder a ella son factores decisivos para el feng shui de toda la casa. Hay que concebir la puerta principal como una válvula del chi, capaz tanto de atraer el chi sano como de dejar que toda la familia quede a merced de fuerzas negativas.

Lo ideal es que el camino de acceso a la puerta principal sea ligeramente curvo, para que resulte más atractivo. En el peor de los casos, un camino recto puede dar lugar a flechas envenenadas dirigidas hacia la puerta; en el mejor, la línea directa no permitirá la circulación óptima de chi hasta la entrada. Si el acceso a la puerta fuese recto, se pueden colocar ladrillos, piedras bonitas o tiestos con plantas en distintos lugares, junto al borde del camino, para que la línea no parezca tan recta.

Las dimensiones de la puerta principal han de ser proporcionales al tamaño de toda la casa. Si la puerta es demasiado grande, es posible que deje salir un chi valioso, y si es demasia-

Los espejos pueden ser de interior o de exterior para proporcionar vistas auspiciosas de la casa. Por ejemplo, si vive enfrente de una fuente de chi (un océano, un lago o una cadena de montañas) un espejo situado de manera que refleje esta fuente, puede ser beneficioso para usted.

Los espejos cóncavos, que producen una imagen invertida, se utilizan para desafiar el sha, o chi negativo, y enviarlo en otra dirección. Sin duda habrá visto pequeños espejos octogonales en algún restaurante chino o en algún edificio del barrio chino. Estos auspiciosos espejos rechazan las influencias negativas y se reservan por lo general para rechazar las amenazas más serias del sha.

do pequeña, que no deje entrar el chi bueno suficiente. Los practicantes del feng shui de la escuela antigua dicen que la puerta principal debe estar orientada al sur, hacia el calor del sol y el aspecto que capta la fama, la fortuna y la longevidad. Evidentemente, no resulta práctico, ni siquiera posible, que todas las puertas estén dirigidas hacia este punto. Por fortuna, hay otras maneras de asegurar la entrada de flujo positivo por la puerta.

El chi positivo se siente atraído hacia las entradas luminosas y acogedoras. La puerta tiene que ser bonita y estar bien conservada, y el porche o el camino hasta la entrada han de estar bien arreglados; una puerta estropeada, con la pintura desconchada es, sin duda, señal de mal feng shui. Los síntomas de abandono y descuido desaniman al buen feng shui y tienden a estimular la energía negativa del sha, o chi nocivo. La buena iluminación también es fundamental para el chi bueno; cuando se funde una bombilla de la lámpara del porche conviene cambiarla en seguida. Si no hay una luz exterior, conviene instalar una y dejarla encendida por la noche, estemos o no en casa.

No conviene que la puerta se abra justo en dirección a una iglesia, un templo o un cementerio, porque el yin que sale de ellos es demasiado fuerte. El yin es pasivo, oscuro y frío cuando se asocia con la muerte; un exceso de yin orientado hacia una casa la convierte en un lugar solitario y triste.

También trae mala suerte quedar frente a una separación estrecha entre dos edificios, porque este espacio puede producir una flecha envenenada invertida que absorba el chi sano de la entrada y de la casa. Conviene plantar un arbusto frondoso o un árbol cerca de la puerta principal para tapar las vistas desagradables y las fuerzas que éstas favorecen.

El lugar que ocupa la casa en la calle afecta la circulación de chi positivo o negativo hacia ella. Trae mal feng shui que la puerta se abra en la intersección de una T o al final de una calle sin salida. Existen razones prácticas que lo justifican: por ejemplo, de noche se pueden reflejar los faros en las ventanas, produciéndose más accidentes cuando el cruce es irregular. Pero la principal responsable es la línea recta que conduce el chi con demasiada rapidez hacia la puerta. Cuando la construcción está situada en un cruce en T, conviene plantar arbustos o levantar un muro para que esta energía negativa no pase de la puerta. O incluso se puede colocar un espejito al frente del edificio para desviar las fuerzas nocivas. El suave movimiento de una veleta en el tejado también contribuye a corregir el problema porque dispersa el chi malo, o sha, cuando se acerca a la casa.

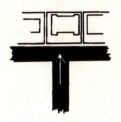

Un cruce en T hace que el chi circule demasiado rápidamente hacia su casa.

Los escalones que lleguen hasta la puerta no debe ser ni muy altos ni excesivamente estrechos. Si la escalera fuese alta y estrecha, siempre se puede poner un espejito en el rellano o encima de la puerta para ampliar la visión y que parezca más ancha.

Tampoco conviene que la puerta esté justo al pie de las escaleras que conducen hasta ella. En las casas situadas por debajo del nivel de la calle, el chi puede quedar atrapado, incapaz de subir ni de salir. El chi prisionero suele producir dificultades en los negocios o la carrera, porque mantiene la energía vital dentro de la casa en vez de dejarla salir de uno hacia el mundo exterior. Este problema se soluciona colocando una luz dirigida hacia el tejado.

Con el mismo criterio, una pendiente descendente detrás de la construcción también es inconveniente, porque hace que el chi, la buena suerte y la fortuna resbalen. Una veleta en el tejado, una luz dirigida hacia arriba, o incluso un árbol que llegue casi hasta el techo, sirven para levantar este chi que fluye a ras del suelo.

Los obstáculos próximos a la puerta también son señal de mal feng shui porque pueden impedir la entrada en la casa del buen chi, la prosperidad y la buena suerte. Hay que prestar atención a todos estos obstáculos:

Por regla general, los signos de vida y movimiento atraen el chi positivo, pero si se ausenta de su casa por un tiempo, deje una radio dentro o unas campanillas de cristal que pueda mover el viento. Situados apropiadamente, unas plantas o un armario también atraerán el buen chi en una casa o un apartamento.

- Un árbol aislado justo delante de la puerta principal.
- Un muro de contención justo delante de la puerta.
- Una elevación que impida acercarse a la puerta principal.

No hace falta talar el árbol ni demoler una pared o allanar una elevación cuando uno se encuentra en alguna de estas circunstancias. La solución más rápida consiste en poner unas campanillas de cristal lo más cerca posible del obstáculo para que las múltiples facetas de la superficie capten e irradien el chi. Los movimientos y los sonidos suaves de las campanillas estimulan una circulación óptima.

Según las preferencias de cada uno, para proteger la casa se pueden colocar a ambos lados de la entrada jardineras con plantas o flores, o incluso un elemento simbólico como unos perros de cerámica a cada lado de la puerta.

LA ENTRADA

Al entrar a la casa, conviene acceder a un espacio alegre, amplio y bien iluminado, que resulte acogedor tanto para uno mismo como para los invitados. Un vestíbulo o recibidor oscuro y estrecho impide la circulación del chi y resulta muy desagradable. Es preferible no toparse con una pared nada más entrar ya que esto también puede obstaculizar la circulación del chi y crear impedimentos en todas partes donde uno vaya. Estos defectos son muy fáciles de solucionar: para iluminar una entrada oscura se puede instalar una luz suave y cálida, y si hay una pared delante de la puerta se puede colgar un cuadro (preferentemente un paisaje o alguna otra imagen abierta) para que esta zona cerrada parezca más amplia.

Algunos maestros de feng shui recomiendan poner un espejo para abrir e iluminar la entrada; en cambio otros advierten que enfrentar a los invitados con una imagen súbita e inesperada de sí mismos en el momento de franquear la puerta podría sorprender o molestar a las visitas, con excepción de las más presumidas. La solución en cada caso depende de lo que a uno le resulte más cómodo.

ESCALERAS Y PUERTAS

Las escaleras son importantes porque conducen el chi de un piso a otro. No conviene que una escalera interior quede justo delante de la puerta principal porque el chi, la buena suerte y el dinero podrían bajar por las escaleras y salir de la casa y de la vida de sus habitantes. Lo ideal es que las escaleras formen una curva ascendente suave. Los espejos se suelen utilizar como solución cuando la escalera y la puerta están mal alineadas. Un espejo en el rellano hace entrar el chi y lo refleja hacia el interior, impidiendo que salga al exterior en seguida.

No conviene que se vea la puerta de atrás directamente desde la entrada principal, porque entonces el chi atravesaría la casa de un lado a otro, sin circular por todas partes, como resulta beneficioso. Numerosos constructores y promotores inmobiliarios de Estados Unidos que trabajan con la comunidad asiática han dejado de construir viviendas con las puertas alineadas de este modo, porque son ejemplos clásicos de mal feng shui. También se considera mala suerte tener una visión clara desde la puerta de entrada, a través de la casa, hasta el fondo. Con esta distribución, la buena suerte y la prosperidad entran y salen en seguida, sin detenerse. Además, los chinos piensan que enseñar la salida a los invitados en cuanto acaban de entrar no resulta demasiado hospitalario.

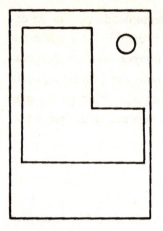

Coloque un objeto en las habitaciones en forma de L para mejorar el feng shui.

Tres puertas en línea también se consideran muy mal feng shui, y resultan especialmente desafortunadas si una es la puerta de entrada y la otra, la puerta de atrás. Esto se puede solucionar de varias formas: con un biombo, una planta alta o una cortina de cuentas, que anulan el sha de esta alineación. También se puede suspender un cristal, que atrae el chi bueno y dispersa el sha; o se pueden colgar un par de flautas de bambú sobre la abertura de en medio, que lanzan el sha hacia arriba y hacia fuera y, al mismo tiempo, hacen desaparecer simbólicamente la mala distribución.

Para corregir la alineación poco favorecedora de la puerta principal con la posterior, se pueden colgar del techo unas campanillas o un cristal, justo por dentro de la puerta de entrada. El suave movimiento de las campanillas y las facetas brillantes del cristal captan y redistribuyen el chi como fuerza positiva. Incluso se puede poner un biombo o alguna otra barrera parcial para impedir la circulación directa de delante hacia atrás, o para que no se vea el patio o el jardín del fondo.

LA FORMA DE LA CASA

La forma de la casa o del edificio también afecta el feng shui de nuestro espacio vital. Las viviendas cuadradas o rectangulares se consideran más beneficiosas porque son lugares cerrados, sin habitaciones «descolgadas» del plano principal. Quienes practican el feng shui advierten contra las viviendas de forma irregular porque dicen que los que viven en las partes separadas pueden resultar perjudicados. El ocupante de una habitación «descolgada» queda al margen de la interacción normal de la familia, y esto le puede crear inconvenientes, desde malos hábitos de estudio y pequeños problemas de salud hasta trastornos más serios. La persona queda excluida de la protección familiar y también de la zona de circulación del chi beneficioso.

Las menos propicias son, sobre todo, las viviendas o las habitaciones con forma de L. Esta forma asimétrica da la idea de un rectángulo incompleto, y por eso uno tiene la impresión de que les falta algo; el edificio queda desequilibrado, desprovisto de algún elemento crucial. La armonía y el equilibrio son ideales para el feng shui, y esto se refleja en las formas simétricas.

La forma de L también sugiere una cuchilla de carnicero, en la que la pared larga representa el mango y la parte más corta, la hoja. Esta imagen un tanto brutal puede tener efectos negativos para la persona que reside cerca de la «hoja». En una habitación o una parte de la casa que tenga esta forma, no se debe colocar la cama, el fogón ni el escritorio en el borde de la «hoja». Si una parte de la casa tiene forma de cuchilla, no conviene utilizarla como dormitorio de un miembro de la familia. Quien duerma o trabaje habitualmente en una zona «hoja» será propenso a los accidentes, nervioso e inquieto. Si no se puede evitar poner en este sitio algún mueble importante, como la cama, el fogón o el escritorio, conviene colgar encima un espejo para separar el mueble del borde cortante y acercarlo a la seguridad relativa de la habitación.

Para corregir el desequilibrio de una vivienda en forma de L, conviene poner en el espacio abierto un árbol, un mástil de bandera, o incluso un reflector, para completar el rectángulo. Se puede aplicar el mismo método para «rellenar» cualquier otro tipo de forma irregular.

PARA TENER EN CUENTA

Por lo general, el maestro de feng shui y el arquitecto tienen los mismos objetivos: que la vivienda y las habitaciones que la componen estén diseñadas para cumplir la finalidad que se proponen y para favorecer la circulación del chi, aunque el arquitecto hable de la circulación del aire. Además, la construcción debe estimular la armonía y el equilibrio en la vida de sus habitantes, brindándoles suficiente espacio público y privado. En el feng shui, el objetivo fundamental del equilibrio se consigue también prestando mucha atención a cada habitación, con una decoración y una distribución adecuadas a las actividades que se desarrollen en ella. Ya sea para dormir, trabajar, cocinar, leer, estar con amigos o comer, es importante que estemos en armonía con nuestro entorno.

CUATRO

EL DORMITORIO

Según los principios del feng shui el dormitorio es la habitación más importante de la casa, porque el lugar y la forma de dormir ejercen una influencia decisiva en nuestra vida. Si el dormitorio inspira tranquilidad y nos brinda una sensación de paz y el descanso adecuado, cosecharemos los beneficios de múltiples maneras. En un dormitorio con buen feng shui, mejoran las relaciones sexuales, la riqueza, la salud y la felicidad del matrimonio.

Pasamos un tercio de nuestra vida en el dormitorio, ya sea durmiendo, leyendo, haciendo el amor, o simplemente retirándonos a una intimidad que no nos brinda ninguna otra habitación. Cuando nos acostamos, hacemos algo más que descansar: literalmente estamos recuperando las fuerzas y el reposo espiritual necesarios para regresar al mundo y seguir adelante el resto de nuestra vida.

Cada uno pretende que el dormitorio lo refleje tal cual es. El dormitorio es, o debería ser, la habitación más personal de la casa, aquella en la cual nos sentimos más cómodos y seguros. Pensemos en lo vulnerables que somos allí: cuando dormimos, no sabemos lo que ocurre a nuestro alrededor; por lo general estamos desnudos y desprotegidos, sin zapatos siquiera.

Según la concepción china, el alma abandona el cuerpo mientras dormimos, para vagar y recuperarse en el plano astral, lo que la mayoría del mundo occidental denomina soñar. En cualquier caso, sabemos que, mientras la mente consciente se toma la noche libre, el importantísimo subconsciente está trabajando, recreando y reorganizando sentimientos, recuerdos y experiencias en beneficio de nuestra psique.

Como la delicada interacción de la mente consciente y la inconsciente es tan vital para nuestra capacidad de funcionar bien, tenemos que distribuir y decorar el dormitorio con sumo cuidado, prestando la mayor atención posible a los principios del feng shui. De este modo, cosecharemos el máximo de beneficios de esta habitación tan importante.

LA UBICACIÓN DE LA CAMA

Si la cama está situada en un lugar poco favorable, uno se siente desequilibrado, cuando está tanto dormido como despierto, porque el chi de la habitación sufre un grave trastorno. Lo primero es, pues, encontrar la mejor ubicación para la cama.

La regla fundamental es que los pies de la cama no deben estar en línea con la puerta. En la antigua China y en muchas otras culturas, se colocaba a los muertos con los pies hacia la puerta, para facilitar su acceso al cielo y, lo que no es casual, para poder sacarlos con mayor facilidad. Esta ubicación se ha dado en llamar la «posición de la muerte», más descanso del que uno pretende cuando se va a dormir.

Conviene que el chi circule sin tropiezos desde la puerta de la habitación, de modo que es importante que la cama no bloquee la entrada del chi. Además, tener la cabeza en línea con la puerta produce inquietud y nos vuelve vulnerables a la sorpresa

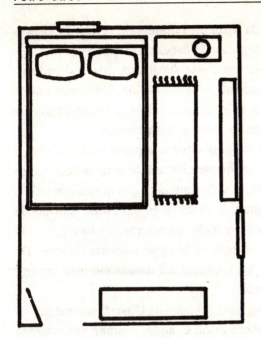

La «posición de la muerte» para la cama.

La posición ideal para la cama.

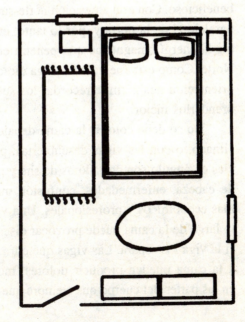

de una visita inesperada. Está bien dormir sin perder de vista la puerta, siempre que tengamos la cabeza a cierta distancia.

Lo ideal es que la cama esté situada en diagonal con respecto a la entrada principal de la habitación. Esto hace que la energía fluya mejor por la habitación, y nos mantiene a salvo de corrientes de aire, interrupciones y distracciones.

Conviene apoyar la cama sobre una pared maciza en lugar de una ventana. Si es inevitable colocarla contra la ventana, es mejor dejar un espacio, lo suficiente para que quepa una silla o una mesa, entre la cama y la ventana. El chi puede salir por la ventana durante la noche, y nadie quiere que esa fuerza tan valiosa que fluye por su cuerpo se le agote mientras duerme. De noche es mejor cubrir las ventanas del dormitorio para retrasar la fuga del chi ambiental.

El maestro de feng shui Johndennis Govert recomienda situar la cama con la cabeza hacia el norte, siempre que esto sea posible sin violar ninguno de los principios para elegir un sitio beneficioso. Con esta alineación norte-sur, el eje del cuerpo queda paralelo al de la tierra y, por lo tanto, en línea directa para recibir la energía magnética que penetra en el planeta por el Polo Norte. Como esta fuerza vital llega directamente al cerebro, esta orientación nos permite recordar los sueños y captarlos y comprenderlos mejor.

No se debe colocar la cama debajo de un techo bajo o inclinado, o con las vigas descubiertas, porque estas protuberancias en ángulo son portadoras de sha y pueden provocar dolores de cabeza, enfermedades, confusión mental, e incluso problemas económicos y profesionales. Una viga desnuda que corra a lo largo de la cama puede provocar discordias en el matrimonio, si la viga los separa. Las vigas que corren en sentido transversal a la cama pueden producir dolores, molestias y enfermedades en las partes del cuerpo que siempre quedan expuestas a su energía negativa. En el peor de los casos, las vigas transversales pueden «cortar literalmente por la mitad» la vida del durmiente.

LOS ESPEJOS Y LOS MUEBLES DEL DORMITORIO

En el dormitorio, el espejo no debe estar frente a la cama para que, cuando el espíritu del durmiente se levante por la noche, no se lleve una desagradable sorpresa al encontrarse cara a cara con su propia imagen, porque esto podría perturbar mucho su serenidad. De hecho, si bien los espejos se usan a menudo y con resultados muy positivos en el resto de la casa, según los principios del feng shui en el dormitorio hay que usarlos con cautela. Un solo espejo, y que no refleje la cama, es lo máximo que se recomienda para esta parte de la casa.

No conviene situar librerías, tocadores ni ningún otro mueble de modo que las esquinas estén dirigidas hacia la persona que duerme, porque la energía que procede de los dos planos que las componen es peligrosamente rápida y aguda. Este bombardeo constante con rayos punzantes de energía puede resultar pernicioso para la salud, provocando irritabilidad, como mínimo.

LA FORMA DEL DORMITORIO

Como ocurre con la casa, las formas regulares se consideran mejores para las habitaciones y, por supuesto, también para el dormitorio. Las habitaciones cuadradas o rectangulares permiten la máxima circulación del chi, mientras que las formas irregulares lo bloquean. Un dormitorio irregular puede tener ángulos que sobresalen, produciendo flechas envenenadas. La persona que se exponga habitualmente a estas flechas, sobre todo durante el sueño, puede sufrir efectos adversos en forma de pequeños problemas de salud, cambios de estado de ánimo y falta de concentración.

Para una óptima circulación del chi, el techo no debe ser ni demasiado alto ni demasiado bajo. Los techos de tipo catedral, que además suelen tener las vigas al descubierto, se consideran excesivamente altos, y todo lo que no supere la medida estándar actual de un metro con ochenta centímetros se considera demasiado bajo.

LA SITUACIÓN EN LA CASA

La zona sudoeste de la vivienda es la parte ideal para colocar el dormitorio principal. Este punto cardinal rige el matrimonio, los cónyuges y las sociedades. Cuando se puede elegir, conviene colocar el dormitorio en la parte posterior de la casa o del piso, lo más lejos posible del ruido de la calle y del bullicio de las actividades familiares.

El dormitorio de un niño o un estudiante ha de estar situado en la parte nordeste de la casa para que le vaya bien en los estudios, porque este punto cardinal rige el conocimiento y los logros en este campo.

EL DESORDEN Y EL EQUIPO ELECTRÓNICO

Cuando se utiliza el dormitorio para almacenar cajas, muebles o pilas de libros y papeles, se bloquea la circulación del chi en la habitación y en torno a la cama. Esta interrupción del flujo del chi puede ponernos nerviosos y perturbarnos el sueño. Guardar trastos bajo la cama provoca un estancamiento del chi. Como la cama es la base de la buena salud y de la armonía marital, dormir sobre el chi estancado puede provocar problemas en estos aspectos de nuestra vida.

El maestro Govert recomienda no poner en el dormitorio equipo electrónico, como aparatos de televisión, radio, música u ordenadores. El campo electromagnético de estos aparatos anula las ventajas de la alineación norte-sur que se consiguen por colocar bien la cama, y afectan nuestra capacidad para recordar y comprender los sueños. Advierte también que las chimeneas, las barras con bebidas alcohólicas y otras comodidades que abundan en los baños principales *en suite*, son perjudiciales para la tranquilidad de la habitación. Si en el dormitorio hay un aparato de televisión, recomienda tapar la pantalla con una tela opaca antes de retirarse por la noche, para que no actúe como espejo y perturbe nuestro espíritu durante el sueño.

SOLUCIONES

Es posible que, después de leer estas recomendaciones, nos llevemos las manos a la cabeza, desesperados, pensando que jamás podremos disponer el dormitorio sin plantearnos por lo menos un dilema. En muchas habitaciones, el mero hecho de introducir una cama y un tocador ya resulta complicado, ¡cuánto más colocarlos en una posición propicia!

Afortunadamente, hay muchas maneras no sólo de «solucionar» un mal feng shui sino también de mejorar la habitación para que nos ayude a conseguir nuestras metas y aspiraciones.

Si no se puede evitar que los pies de la cama estén dirigidos hacia la puerta, o que la cama tape la entrada, la solución es colgar del techo una esfera de cristal o unas campanillas, entre la cama y la entrada, para dispersar el sha y reducir sus efectos adversos. Si hay lugar, incluso se puede poner un biombo para interrumpir el paso directo de la cama a la puerta.

Cuando unas vigas o un techo inclinado amenazan el sueño, se cuelgan del saliente dos flautas de bambú apuntando hacia arriba, porque en cantonés la palabra «flauta» suena igual que «desaparecer»; así los instrumentos colgados hacen que las vigas desaparezcan, simbólicamente.

Para evitar los peligros de las esquinas o los muebles en punta que lanzan flechas envenenadas hacia la cama, se puede colgar del techo un cristal, o poner una planta o un biombo entre los dos. Cualquiera de estos objetos reduce la velocidad del chi.

MEJORAS

Al considerar la distribución y la decoración del dormitorio, hemos de volver a plantearnos las ambiciones y los objetivos que nos hemos propuesto en el capítulo 1. Una mejora concreta en nuestro dormitorio o en el de algún familiar puede servirnos para conseguir este deseo personal.

Destacar el rincón nordeste del dormitorio de un niño o un estudiante puede favorecer sus estudios. El verde azulado es el color que corresponde a este punto cardinal de modo que se puede pintar la habitación de un turquesa no demasiado fuerte. Los colores primarios van muy bien para una habitación infantil, a menos que el niño tienda a ser hiperactivo o que tenga dificultades para dormir, en cuyo caso son más apropiados los relajantes tonos pastel. También se puede mejorar la habitación con el número ocho, que corresponde al nordeste. Ponga en la pared ocho escenas naturales, en azul y verde brillantes; el niño quedará fascinado, la habitación parecerá más bonita, y además supondrá una fuerte mejora, incorporando a la vez los colores y los números.

Si tiene montado el estudio en un rincón del dormitorio, para aprovechar al máximo su capacidad intelectual le conviene colocar el escritorio en la parte nordeste de la habitación. Por otra parte, a lo mejor prefiere trabajar con el escritorio orientado hacia el norte, porque este es el punto cardinal que influye directamente sobre el éxito comercial. En el capítulo 7 encontrará más información sobre la aplicación de los principios del feng shui en la oficina.

Lo más beneficioso, y también lo más agradable, es poder ver un hermoso paisaje al despertar. Como no todos tenemos la fortuna de levantarnos frente al Océano Pacífico, ni en medio del campo, podemos esmerarnos para que al abrir los ojos la mirada se pose sobre objetos agradables, obras de arte, plantas, colgaduras atractivas, incluso los libros que más nos gusten.

Y cuando cerramos los ojos, lo mejor que podemos hacer es meditar sobre nuestros objetivos y aspiraciones. Para el feng shui, la intención consciente es importante para conseguir lo que uno se propone, y meditar sobre esto es una forma excelente de concentrarse en esa intención. Podemos apuntar un par de aspiraciones y dejar el papel junto a la cama, para tenerlas a mano antes de apagar la luz. Así aprovechamos una oportunidad perfecta para conseguir, literalmente, que nuestros sueños se hagan realidad.

CINCO

EL CUARTO DE ESTAR Y EL COMEDOR

La forma de resolver el arreglo y la decoración del cuarto de estar afecta numerosos aspectos decisivos de nuestra vida, desde las amistades y las relaciones familiares hasta el éxito y la prosperidad.

El cuarto de estar es el lugar más público y lleno de vida de una vivienda. Su aspecto y la sensación que produce revelan al visitante muchas cosas acerca del dueño de casa y su familia. El mobiliario, la alfombra y la decoración en general dan idea de su vida social o su situación financiera, mientras que el ambiente revela su personalidad.

Los muebles que se eligen y la forma de agruparlos pueden indicar que se trata de una familia informal y divertida o, por el contrario, muy formal; reflejan una disposición tradicional o un punto de vista más moderno. Los objetos artísticos que se coloquen en esta habitación revelan sus aspiraciones, al igual que sus logros.

Pero independientemente del gusto y el estilo que prefiera cada uno, el objetivo ha de ser producir un efecto sereno y acogedor. Esto es decisivo porque el cuarto de estar, más que ninguna otra habitación, determina el tipo de personas que uno atrae. Los amigos, los familiares y las visitas reaccionan ante la atmósfera que creamos para ellos.

La familia inmediata también reacciona a los sentimientos que evoca el cuarto de estar. Si la habitación no resulta agradable y acogedora, los miembros de la familia buscarán otros lugares para pasar el tiempo. Si el chi no fluye por la habitación de forma vibrante y sana, se pueden alterar las relaciones familiares y se puede resentir la misma estructura familiar.

> El cuarto de estar de la familia Osgood era digno de aparecer en las fotografías de una revista de arquitectura. Con sus muebles tan modernos, los tonos minimalistas y las piezas de arte contemporáneo, era un sitio precioso. Pero el problema era que ningún miembro de la familia lo utilizaba para pasar el tiempo, y los Osgood apenas recibían allí porque no habían tenido la suerte de hacer amigos desde que se mudaron.
>
> La propia señora Osgood se había encargado de la decoración y se sentía muy orgullosa. Pero al cabo de varios meses de sentir que la habitación se había convertido en una especie de tierra de nadie, le empezó a parecer un lugar deprimente. Un mes después, leyó un artículo sobre feng shui y decidió consultar con un especialista, que le indicó varios elementos que producían problemas.
>
> La habitación estaba orientada hacia el este, un punto de partida ideal para un cuarto de estar, porque rige la vida familiar, la juventud, la prosperidad y la armonía. Pero como el este se asocia con el elemento madera, la gran escultura de metal que había junto a la pared este

estropeaba todos estos aspectos, en lugar de intensificarlos. (El metal corta la madera, según el ciclo destructivo de los elementos.) Otro inconveniente de la habitación eran los colores: ocre, crema y pardo. El chi huía de la habitación por la falta de color; además, los tonos de ocre y crema estaban muy próximos al blanco, que en la cultura china es el color del duelo. No están prohibidos los tonos claros, pero conviene usarlos con prudencia y, sobre todo, en contraste con otros tonos más fuertes, para compensar la idea de muerte y funerales.

Los Osgood cambiaron la escultura de metal por un robusto árbol de interior, consiguiendo así varios efectos al mismo tiempo. De pronto, mejoraron su vida familiar y su armonía como consecuencia del color verde y el elemento madera. El hecho de añadir a la habitación otros toques de color, como unos alegres cojines rojos sobre un par de sillones y unas láminas con nueve cardenales de color rojo brillante sobre la pared sur, aumentó el interés de la familia por recibir y también el número de amigos en el barrio. Se eligió el rojo porque corresponde al sur, el punto cardinal que rige la festividad y la fama. (En este sentido, cuando hablamos de «fama» nos referimos a la reputación, a conocer más personas.) Los toques rojos también sirvieron para dar más calidez a la habitación, que tanto la necesitaba y donde, poco después, los Osgood hacían frecuentes reuniones con familiares y vecinos.

EL CUARTO DE ESTAR Y LOS OBJETIVOS DE LA FAMILIA

Si bien la zona sudeste de cualquier habitación de la casa rige las perspectivas de riqueza, la parte sudeste del cuarto de estar contiene el sector de riqueza más fuerte e importante. El trajín general del cuarto hace que el chi circule con mucha fuerza, y ese chi tan poderoso puede tener consecuencias impresionantes al pasar por la zona de riqueza de la habitación.

Conviene tener en cuenta que «riqueza» no siempre significa dinero. En el cuarto de estar, entendemos por «riqueza» el interés fundamental de la familia, lo que más la entusiasma, o a lo que más se dedica. Puede que la «riqueza» de una familia sea la abundancia de buenos amigos y una vida social activa; o tal vez ir de campamento y la vida al aire libre; o quizá su pasión sean los logros académicos o comerciales. Sea lo que fuere lo que concentre la atención del grupo familiar, este aspecto de la vida recibe la influencia del rincón de la riqueza.

Como ocurre con otros aspectos del feng shui, es importante conocernos a nosotros mismos, y a nuestra familia, para que el rincón de la riqueza funcione bien. ¿Qué metas tiene la familia? Si lo que quiere es salir y hacer un viaje largo, al otro lado del país o del océano, hay que activar el rincón sudeste, incorporando algunos de los símbolos del noroeste, que rige los paseos y los viajes internacionales, así como también los intereses fuera de la casa. En el esquema vemos que al noroeste le corresponden el color gris y el número seis. Entonces hay que utilizar la imaginación para adornar el «rincón de la riqueza» de forma que intensifique la perspectiva de viajar y para que el viaje sea positivo para todos los miembros de la familia.

Si el objetivo de la familia es mudarse a una casa más grande, conviene preparar el rincón de la riqueza para atraer dinero. Una pecera con cuatro peces es una forma de usar el número del sudeste en combinación con el agua y los peces, símbolos del flujo de dinero y la abundancia. Para cualquier objetivo familiar

Una buena iluminación equivale a un buen chi. Los edificios y las habitaciones oscuros son siempre negativos. Si usted tiene un área problemática y no sabe qué hacer para mejorarla, una buena iluminación puede ser la solución.

que requiera aumentar los ingresos, hay que incluir el púrpura, el color del sudeste. Con imaginación, conviene incluir toques de este color que realza la fortuna, sin perder de vista la decoración. Por ejemplo, se pueden poner plantas, que resultan doblemente efectivas si tienen flores púrpura; una violeta africana, o incluso un ramo de lirios son opciones ideales.

LA DISTRIBUCIÓN DEL MOBILIARIO

El lugar donde ponga el sofá, la mesa de centro y los sillones puede estimular entre sus invitados la calidez y el deseo de compartir o, por el contrario, crear situaciones de discordia y fricción. Por ejemplo, cuando las personas se sientan frente a frente, sin nada en medio, tienden a disentir en muchas cuestiones. Pero si hay entre ellas una mesa que comparten, es probable que sientan que tienen más en común y que estén dispuestas a ser amables la una con la otra. Esta distribución también tiene sentido desde el punto de vista de la comodidad y la hospitalidad.

Conviene distribuir los asientos de modo que el anfitrión y la anfitriona no queden de espaldas a las puertas o las ventanas cuando reciben. Es preferible que tengan el apoyo de una pared para poder manifestar su hospitalidad con fuerza y energía y para sentirse lo suficientemente seguros para ser corteses.

Siempre que el cuarto de estar lo permita, se considera beneficioso distribuir los muebles siguiendo la forma del ba-gua. Evidentemente, el octógono es una forma que trae buena suerte porque se asocia con el ba-gua, pero también porque es una figura cerrada y sin ángulos rectos.

En el cuarto de estar, como en cualquier otra habitación, hay que imaginarse la circulación del chi al distribuir su contenido. El chi tiene que avanzar lentamente, y se mueve mejor cuando fluye sin obstáculos alrededor de los grupos de muebles.

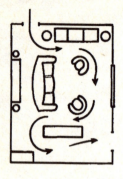

Ordene los muebles para tener un flujo suave de chi.

Hay que procurar que serpentee poco a poco, desde la puerta de entrada, pasando por cada parte de la habitación, hasta salir por una puerta o una ventana.

No hay que olvidar que la puerta principal es una válvula importante para el chi. Si está en proporción con el exterior de la casa y con la habitación a la que da, uno obtiene suficiente cantidad de chi. No hay que taparla, poniéndole muebles delante. Por ejemplo, no conviene colocar un sofá o una mesa delante de la puerta, si crea un obstáculo que tanto el chi como la familia y los invitados tienen que sortear para entrar en la casa.

LA FORMA Y LA SITUACIÓN DEL CUARTO DE ESTAR

Conviene que el cuarto de estar quede cerca de la puerta de entrada y al mismo nivel, no por debajo. En caso de que estuviera más abajo, hay que poner una luz fuerte dirigida hacia el techo para que el chi suba, porque de lo contrario no podrá elevarse y fluir libremente por toda la habitación.

Cuando el cuarto de estar tiene forma de L, se puede poner un biombo o grupos de plantas para delimitar dos zonas donde sentarse, y distribuir los muebles en grupos separados. De este modo, parecería que hubiera dos habitaciones en lugar de una con un apéndice colgante o la hoja de un cuchillo en un extremo.

No conviene poner los sofás o los sillones debajo de unas vigas, porque estas construcciones oprimen a los que se sientan debajo. Pero si es algo que no se puede evitar, con un par de flautas huecas de bambú se hace «desaparecer» el problema simbólicamente. Al mismo tiempo, la oquedad redonda de la flauta conduce el chi más allá de la viga y mitiga los efectos negativos.

Como el cuarto de estar es la habitación más pública de la casa, lo más beneficioso es que esté orientado hacia el sur, el punto que rige la fama y la fortuna, la festividad y la longevidad. De todos modos, los demás puntos cardinales no son malos, sino tan sólo menos favorables. Cualquier punto cardinal nos ha de brindar la oportunidad de avanzar hacia una meta, sin limitarnos, restringiendo lo que podemos hacer. Para distribuir la habitación conviene estudiar el esquema, pensar en nuestros objetivos, y dejarnos guiar por lo que tiene valor en nuestro caso.

LA CHIMENEA

Las chimeneas son beneficiosas, brindan calor y buen ambiente. Sin embargo, a veces dejan que el chi suba y salga al exterior. Si se cuelga un espejo sobre la chimenea, el chi se refleja y vuelve a la habitación, en lugar de salir.

Una chimenea que se usa con frecuencia puede irradiar demasiada energía. Conviene poner plantas verdes a los lados, que contrarrestan la abundancia de calor y, al mismo tiempo, crean un efecto estético agradable. Esta solución tan sencilla se basa en el ciclo destructivo de los cinco elementos según el cual la tierra, representada por las plantas, estabiliza el fuego, el calor de la chimenea. Pero hay que procurar no colocar junto al hogar un árbol pequeño ni una planta leñosa, porque el elemento madera alimenta el fuego y de este modo se crea un exceso de calor y energía en la habitación.

No se deben orientar todos los muebles hacia la chimenea porque una interacción amistosa requiere que al menos algunos invitados se sienten los unos frente a los otros. Tampoco hay que poner un sillón tan cerca del fuego que la persona que se siente allí tenga demasiado calor. Esto responde a una razón elemental de comodidad, pero también al hecho de que esa persona tiene más probabilidades de encolerizarse con el resto.

OBRAS DE ARTE Y ANTIGÜEDADES

Los muebles antiguos se tienen que elegir con cuidado, porque pueden venir con mal chi de los anteriores propietarios. Según el maestro Govert, la mejor manera de evaluar una antigüedad antes de comprarla consiste en ponerle una mano encima y quedarse quieto por un momento. Si uno consigue ponerse en un estado neutro, sin pensar lo magnífica que quedará la mesa bajo la ventana del frente, seguro que experimenta alguna reacción. Es posible que no sea más que una vaga sensación, o una visión completa, o puede que se sientan buenas o malas vibraciones procedentes del objeto. En cualquier caso, hay que prestarles atención y no llevarse a casa nada que nos produzca una sensación negativa. No hace falta evitar los muebles que parezcan algo estropeados y necesiten una restauración, siempre que superen la prueba de las vibraciones. También hay que elegir con cuidado las joyas antiguas. Las joyas son objetos muy personales y llevan el chi, ya sea bueno o malo, de los antiguos dueños. Antes de comprar un relicario, un anillo o un broche antiguos, conviene hacer la prueba de las vibraciones.

El arte moderno se encuentra en el extremo contrario del espectro decorativo, pero hay que evaluarlo de la misma forma: ¿Cómo me hace sentir tal obra de arte? A lo mejor uno quiere poner algo alegre en el cuarto de estar, que lo haga sentir despierto y vivo. Pero no conviene poner algo así en el dormitorio, donde resulta más adecuado algo abstracto e irreal. Numerosos expertos en feng shui recomiendan no comprar obras de arte simplemente como inversión, ni por coleccionar la obra de tal o cual artista. El maestro Govert aconseja a sus clientes: «No compren arte, a menos que de alguna manera exprese sus aspiraciones. Vigilen con atención las obras de arte que ponen en su casa, y miren que se muevan en la dirección en la que quieren desplazarse.»

Hay que elegir obras de arte que representen la vida y la felicidad, y conviene evitar las que ilustren la muerte o contengan energía negativa de algún otro tipo. Son muchas las personas que coleccionan y exhiben máscaras, que pueden ser impresionantes e interesantes, además de muy coloridas. Pero no conviene exhibir máscaras a menos que uno esté seguro de su origen o su significado. Colgar máscaras funerarias sobre la pared de la riqueza o la carrera, o en la zona correspondiente a la salud, produce consecuencias negativas en cualquiera de estos aspectos de la vida.

Podemos utilizar en abundancia los colores que hablan de lo que somos o que reflejan nuestras aspiraciones y nuestra sensibilidad. Los profesores, o las personas que aspiran a conseguir logros académicos, tienen que decorar en verdes azulados, el color del nordeste, que rige el conocimiento y el éxito en los estudios. También se puede resaltar el color que se usa como tono principal con otros colores que recogen otras esperanzas, preocupaciones u objetivos familiares: el negro para el éxito comercial o en la carrera, el verde para la salud y la vida familiar, o el púrpura para la riqueza y la fortuna.

LA ILUMINACIÓN

Una habitación bien iluminada es una habitación con buen chi. Pero conviene usar la iluminación de forma atractiva.

- Una luz superior muy fuerte resulta agobiante para los ocupantes y poco acogedora para los invitados.
- Las lámparas de mesa, que crean focos de luz agradables, relajan a los habitantes y producen buenas sensaciones.
- Las lámparas de pie se pueden usar de muchas formas. Son prácticas para iluminar la parte oscura de una habitación y en feng shui se utilizan como solución para ilu-

minar el techo, a fin de elevar una habitación hundida o estimular el flujo de chi hacia el rincón de la riqueza.

Por ser un espacio público, el cuarto de estar es una habitación yang. La calidad del yang se encarna en la actividad y la luminosidad, ideales para un centro familiar y para recibir. Sin embargo, un toque ocasional de yin, que ofrece un poco de suavidad (cojines), frescor (plantas y colgaduras que tapen la luz) y un contraste atractivo de colores oscuros con tonos más claros, sirve para alcanzar el equilibrio y la armonía que uno pretende.

EL COMEDOR

Los chinos se toman con mucha seriedad los alimentos y el arte de comer. Opinan que comer nutre no sólo el cuerpo sino también el espíritu. Por este motivo, conviene disponer el comedor con la idea de destacar el bienestar de los comensales, así como también para promover la armonía y las sensaciones positivas entre ellos.

No tiene que haber nada en el comedor que distraiga de una comida y una conversación agradables. No conviene que esté atestada de muebles que hagan que los presentes se sientan un estorbo. De ser posible, sólo debe incluir la mesa, las sillas y un aparador, a fin de centrarse en los alimentos y la conversación. Conviene que tanto las sillas como la mesa sean cómodas, de modo que los comensales se pasen horas entretenidos con la comida y la compañía. En el comedor van bien las pinturas y los murales de paisajes, pero hay que evitar las ilustraciones demasiado fuertes o agresivas, que llamen la atención y distraigan de la comida y de los participantes. Basta con seguir estas normas tan sencillas para traer armonía a la familia y a los invitados. Las comidas serán más agradables y contribuirán a la felicidad de todos, porque el buen feng shui ayuda a la digestión, que estimula la buena salud necesaria para alcanzar la prosperidad y una vida familiar venturosa.

La ubicación del comedor y la cocina tienen mucha importancia. Se dice que si alguna de estas dos habitaciones queda demasiado cerca de la puerta principal, los invitados comen y se van. Si el comedor está muy cerca de la puerta principal, la familia tendrá mucha hambre y estará preocupada por comer. Se dice que los niños que viven en casas así piensan en la comida en cuanto entran y descuidan los estudios porque comen demasiado.

El mejor lugar para ubicar el comedor es al este de la cocina, porque este punto cardinal rige el crecimiento y la salud, los mismos aspectos de la vida que se supone que promueve la alimentación. Pero no hay preocuparse si nuestra casa no tiene esta distribución, ya que se puede conseguir un buen feng shui en el comedor con alguno de los diversos medios que aquí presentamos.

Como ocurre con el cuarto de estar, conviene que los miembros de la familia se sienten con el respaldo de la silla orientado hacia la pared, en lugar de una puerta o una ventana. Con esta distribución, se encuentran en el puesto de mando de su propia casa. Y en este lugar se sienten lo bastante seguros como para mostrarse cordiales y hospitalarios con sus invitados.

Es mejor que haya dos entradas al comedor, para que el chi entre y salga con facilidad. Pero si hay una sola, no conviene apiñar la mesa y las sillas demasiado cerca, y es preferible mantener la entrada libre de otros obstáculos. Si en lugar de ser una habitación, el comedor no es más que un espacio, conviene poner una planta grande o un biombo que creen otra entrada, para estimular la entrada y salida del chi y, al mismo tiempo, para evitar la distracción que puede producir ver la cocina o el cuarto de estar. En cualquier caso, procure siempre crear una atmósfera íntima, que incite a la conversación y a permanecer en la mesa.

Evidentemente, la mesa y las sillas del comedor son el mobiliario principal de esta habitación. Para la mesa, las formas más beneficiosas son las redondas y las octogonales. Una mesa redonda es conveniente porque está completa, no le falta nada y no tiene ángulos rectos. Las mesas octogonales son excelentes porque nos recuerdan el ba-gua, el esquema del *I-Ching* que constituye la base del feng shui. Como las dos son formas cerradas, reflejan las bendiciones celestes sobre todos los que se sientan a su alrededor.

Como el sur se considera el punto cardinal más beneficioso, en señal de respeto y cortesía hacia el invitado más importante, o hacia el miembro de la familia de mayor edad, en una mesa redonda se les ofrece el asiento orientado hacia el sur.

Las mesas cuadradas y rectangulares también están bien, siempre y cuando nadie se siente en las esquinas, donde pueden sufrir problemas digestivos porque la esquina apunta hacia su centro mientras comen. También es probable que los invitados se vuelvan cascarrabias por sentarse en las esquinas, porque el sha, o sea el chi malo, corre por el ángulo recto de la esquina y despierta malos sentimientos en la persona que encuentra a su paso.

Conviene que siempre haya una cifra par de sillas, porque los números pares traen suerte y los impares representan la soledad. A las personas que viven solas, o a las familias que tienen un número impar de miembros, les conviene poner una silla de más. De este modo se alcanza una cifra par y, al mismo tiempo, queda abierta la posibilidad de invitar a comer a un amigo en el último momento.

El comedor es una habitación adecuada para sacar provecho de los espejos, que son excelentes para reflejar las bendiciones de la familia y para crear abundancia de comida y amigos. Se distribuyen los espejos de manera que reflejen la mesa y las personas sentadas frente a ella. De este modo, se duplica la cantidad de amigos, así como también la prosperidad familiar, representada por la comida que se pone encima de la mesa.

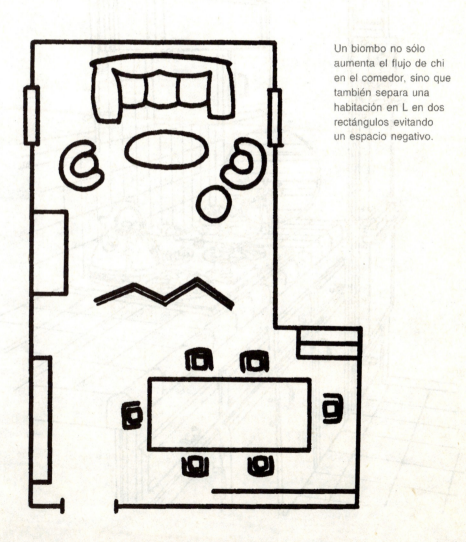

Un biombo no sólo aumenta el flujo de chi en el comedor, sino que también separa una habitación en L en dos rectángulos evitando un espacio negativo.

SEIS

LA COCINA Y EL CUARTO DE BAÑO

La palabra que se utiliza en chino mandarín para decir alimento se parece a la palabra «riqueza», lo cual resulta muy revelador sobre la importancia que tiene la cocina en la cultura china, porque los chinos tienen mucha fe en los homónimos. Una nevera y una despensa bien surtidos son símbolos de la riqueza familiar, y como de la cocina salen los alimentos, una provisión copiosa simboliza también la salud, la felicidad y el bienestar general de la familia.

Kathryn Metz, practicante de feng shui, está convencida de que cuando en la cocina hay buen feng shui se preparan comidas que proporcionan fuerza y amor, además del sustento básico. «Cuando se hace la comida con amor, ese amor nos acompaña durante todo el día y afecta todo lo que hacemos», afirma.

No es casualidad que los invitados se reúnan en la cocina cuando se hace una fiesta, y no es sólo por la comida. El auténtico imán de la familia y de los invitados es la sensación de nutrir, y no sólo la de dar de comer.

EL FOGÓN

La correcta ubicación del fogón —o, en los hogares chinos, del hervidor de arroz— es decisivo para el feng shui de toda la vivienda.

Conviene colocar el fogón de modo que la persona que cocine no quede justo de espaldas a la puerta, para que no se sorprenda cuando alguien entra. Porque si el cocinero se sorprende o se sobresalta mientras se encuentra junto al fogón, esto afectará su estado de ánimo, se le estropeará la comida, y toda la familia sufrirá las consecuencias.

Si la ubicación del fogón hace que tenga que cocinar de espaldas a la puerta, ponga un espejo sobre los quemadores. De este modo, no sólo no le tomarán por sorpresa sino que puede que le traiga buena suerte y fortuna en su empresa. Los quemadores, al estar en contacto directo con el fuego y por tener una función vital en la preparación de los alimentos para toda la familia, simbolizan el éxito familiar en su oficio o comercio. Un espejo sobre el fogón duplica su número y aumenta los ingresos de la familia. Además, también agranda la cocina y la incorpora al flujo del chi bueno.

El fogón debe estar siempre limpio, con los quemadores en buen funcionamiento. Si están atascados, se bloquea el potencial de ingresos de la familia, mientras que si están sucios de grasa pueden provocar problemas por falta de higiene. Es mejor usar todos los quemadores, en lugar de emplear siempre uno o dos, para aumentar al máximo los ingresos familiares. El calor y la energía que pasan constantemente por estas aberturas evitan que se enfríen las perspectivas comerciales de la familia.

El equilibrio del yin y el yang es más importante en la cocina que en ninguna otra parte de la casa, porque allí coinciden dos elementos opuestos, básicos ambos para el funcionamiento de esta habitación: el fuego, que es yang, y el agua, que es yin. Conviene que el fogón no esté junto al fregadero para

En muchos hogares chinos hallamos imágenes del dios de la cocina. El día de Año Nuevo, las familias le colocan miel y dulces en la boca y luego lo queman. Esto asegura que cuando el dios de la cocina llegue a las puertas del Cielo a hacer su informe anual, sólo dirá cosas dulces a propósito de los habitantes de la casa.

que no se mezclen dos elementos contrarios en la misma pared. Pero si la cocina estuviera dispuesta así, se puede corregir el problema sin cambiar de lugar el fogón, colocando entre ambos algo de metal o de madera. Los accesorios de cocina tan habituales, como una tabla de cortar de madera o un juego de botes de metal, pueden cumplir esta función.

CONSEJOS GENERALES PARA LA COCINA

Se dice que la cocina (como cualquier otra habitación) mira hacia donde se abre la ventana que deja entrar la mayor cantidad de luz. Puesto que el metal se asocia con el oeste y el fuego, con el sur, la cocina perfecta debería estar orientada hacia el oeste (un punto beneficioso para los utensilios de metal), con el fogón sobre la pared sur. No obstante, no conviene combinar en la cocina demasiados elementos asociados con el sur, como el color rojo o imágenes de aves. También hay que tener cuidado con las cocinas orientadas hacia el sur, porque podrían concentrar el elemento fuego con excesiva intensidad.

Las cocinas orientadas hacia el norte son menos beneficiosas que las que tienen cualquier otra orientación. Es probable que esta noción se remonte a la antigua China, donde los malos vientos habitualmente traían del norte un nocivo polvo amarillo procedente de Mongolia. Cuando la cocina está orientada en esa dirección, conviene colgar unas campanillas o un móvil cerca de la ventana para favorecer la circulación del chi bueno por toda la habitación.

Pero independientemente de su orientación, conviene que la cocina esté siempre limpia y ventilada. Lo mejor para ello es pintarla de blanco. En la cultura china y en la práctica del feng shui, el blanco es un color con dos connotaciones muy diferentes. A pesar de ser el color de los funerales y el duelo, también es el símbolo de la pureza. Además, es apropiado porque se asocia con el elemento metal y, por consiguiente, está en armonía con el fogón, la nevera y los demás electrodomésticos que abundan en la mayoría de las cocinas.

> Una mujer de Los Ángeles que tenía la cocina orientada hacia el sur adquirió la peligrosa costumbre de olvidarse de desenchufar la cafetera cuando salía de casa por la mañana. Así quemó varios aparatos y, en una ocasión, casi la totalidad de la cocina. Cuando tuvo que volver a decorar su casa, esta mujer tuvo la suerte de contratar a un decorador que tenía bastantes conocimientos de feng shui.
>
> El decorador se percató en seguida de que las frecuentes dificultades que tenía esta mujer con el fuego se debían a la abundancia de este elemento en la cocina. Como no podía cambiar la cocina a un lugar más propicio, instaló unas placas de cromo en el zócalo y quitó un juego de platos rojos, ya que la cocina estaba orientada hacia el sur. La incorporación del metal contrarrestó la fuerza del elemento fuego y el hecho de quitar los platos rojos también eliminó gran parte del exceso de calor de la habitación. En la cocina nueva, esta mujer perdió su peligrosa mala memoria, porque el mal feng shui de la habitación dejó de complicar el problema.

La circulación del chi bueno es fundamental también en la cocina. Si la habitación tiene mucho aire y luz, entrará el buen chi a raudales. Este chi bueno llega hasta lo que se guisa y mejora la salud, la felicidad y la fortuna de toda la familia.

EL CUARTO DE BAÑO

El cuarto de baño presenta una situación bastante delicada porque el agua, el elemento fundamental de esta habitación, juega un doble papel: es imprescindible para eliminar la suciedad y las impurezas pero, al mismo tiempo, el agua es el símbolo del dinero. Como la higiene diaria requiere que salgan de la casa grandes cantidades de agua, conviene organizar la habitación con cuidado para que las finanzas de la familia no se vayan literalmente por el desagüe.

El cuarto de baño:

- No debe estar orientado hacia la puerta principal, para que no salgan por ella ni la riqueza de sus ocupantes ni el chi bueno que entra por la puerta.
- No tiene que estar situado directamente encima de la entrada principal, porque esta distribución presagia desastres para la familia.
- No debe estar en un lugar central de la casa, es decir que tiene que tener al menos un muro exterior. Esto se debe en parte a la necesidad de buena ventilación, si bien esta regla también tiene que ver con que el centro de la casa debe ser el centro de la actividad y, por ende, el lugar ideal para colocar el cuarto de estar.
- No debe estar ni cerca ni encima de la cocina. Que el cuarto de baño esté encima de la cocina implica que los desechos pasan por una zona fundamental de la vivienda.

Cuando el cuarto de baño está en medio de la casa o cerca de la cocina, hay que colgar un espejo junto a la puerta, del lado exterior, para desviar la energía negativa que se genera en cualquiera de los dos casos.

Si el cuarto de baño está orientado hacia la puerta de entrada o se encuentra encima de la entrada principal, se puede poner un espejito en la base de la taza del váter para que recoja y desvíe el chi de modo que ni este, ni la riqueza de la familia, salgan directamente por la puerta principal.

Lo ideal es que el cuarto de baño tenga el tamaño suficiente para cumplir su función, sin ser excesivamente amplio. Conviene pintarlo de un color claro, y no poner demasiadas cosas, para que el chi circule rápidamente por toda la habitación.

Es mejor que no se vea la taza del váter desde la puerta. Está bien situarla detrás de la puerta, y también en un hueco. Pero si en una casa es visible desde la puerta, se puede poner una cortina o un armario, o incluso una planta en el suelo para taparla.

Aunque muchos maestros de feng shui consideran al cuarto de baño la habitación menos beneficiosa de la casa y se oponen a darle una decoración demasiado elaborada, no hay motivo para que no sea un espacio placentero. «El cuarto de baño es un lugar de retiro -dice Joan Malter Osbur, diseñadora de interiores-, donde uno se tiene que sentir cómodo y relajado.» De modo que aparte de prestar atención a la circulación del chi y a las reglas del feng shui, hay que hacer que la habitación resulte tan agradable como sea posible.

Para introducir elementos de colores adecuados se utilizan toallas de suaves tonos pastel. El verde es un color apacible que contribuye a la digestión y favorece la salud. El azul se asocia con océanos, lagos y ríos; mantiene el agua en constante movimiento y evita problemas de fontanería, al tiempo que favorece el flujo de dinero.

El fregadero, la bañera, la taza y los desagües convierten este cuarto en la parte más yin de la casa. Algunas de las características del yin, como tal vez recuerde, son la humedad y la oscuridad. Por su fuerte naturaleza yin, incorporar elementos de yang equilibra la habitación y mejora su feng shui. Para ello hay que añadir al cuarto de baño algunos toques de colores fuertes, o distribuir velas a su alrededor. Las velas encendidas aportan el equilibrio del yang, añadiendo el elemento fuego y, al mismo tiempo, proporcionando una iluminación agradable.

Conviene mantener cerrados los desagües en la medida de lo posible, y tapar el váter cuando no se utiliza. Si se hace correr el agua con la taza abierta, la suerte y el dinero se van con ella y salen de la casa.

SIETE

EL ESTUDIO Y LA OFICINA

Así como el feng shui de la casa puede afectar la salud, la felicidad y la prosperidad de sus habitantes, el feng shui del estudio o la oficina afectará la concentración, la creatividad y las facultades mentales. Por este motivo, la disposición de la oficina y la orientación del escritorio influyen en nuestros logros académicos, comerciales o empresariales.

La oficina en casa nos puede servir para dirigir una empresa, para pagar las cuentas domésticas o para leer o estudiar; en cualquier caso, cuando nos encontramos en esta habitación nos interesa poder concentrarnos y pensar con claridad. El feng shui de la oficina, que incluye la ubicación del escritorio, ejerce una fuerte influencia sobre todo lo que hacemos: uno puede prosperar o sobrevivir a trancas y barrancas, puede que impongamos respeto o que se aprovechen de nosotros, o que tomemos buenas o malas decisiones.

No importa dónde tengamos la oficina, si en casa o en otro lugar. Lo más importante en un ambiente de trabajo es hacer las cosas lo mejor posible, porque constantemente están midiendo el resultado de nuestros esfuerzos, ya sea nosotros mismos, el jefe y los colegas, o los clientes. Por este motivo, la aplicación de los principios del feng shui suele sacar el máximo de provecho en el ambiente de la oficina.

> Sharon es una guionista que vive en el sur de California y que empezó a quedarse bloqueada cuando redecoró su casa y cambió de habitación la oficina. Primero la tenía montada en el dormitorio de huéspedes y allí trabajaba bien, pero con el correr de los años la habitación se fue convirtiendo en una especie de trastero donde guardaba muebles, el equipo para hacer ejercicios físicos y demás trastos, y se empezó a llenar. Cuando organizó un sofisticado espacio de trabajo en otra habitación de la casa, las cosas comenzaron a irle mal. «Me di cuenta de que no me quedaba en la habitación y que me costaba escribir —decía—. Dejaba las cosas para después, y así no podía seguir.»
>
> Como no entendía lo que pasaba, consultó a una amiga que era diseñadora de interiores para que le aconsejara qué podía hacer para mejorar la habitación. La diseñadora le recomendó que recurriera a un experto en feng shui, que le dijo que la oficina nueva estaba aislada de la circulación de la energía, o chi, porque estaba situada en un ala desconectada de la casa. Puesto que el tamaño de la vivienda lo permitía, la solución consistió en abandonar la oficina nueva y regresar a la anterior. La oficina «nueva» se convirtió en biblioteca y sala de lectura, porque allí se requiere menos energía y, por lo tanto, menos chi.
>
> A continuación, la decoradora y el experto en feng shui se unieron para reorganizar la primera oficina de un modo más propicio para el trabajo creativo de Sharon. Una

> de las primeras cosas que hicieron fue resolver el desorden. De este modo, mejoró la circulación del chi, y Sharon se pudo concentrar y pensar con claridad, sin distraerse. Lo siguiente fue colocar el gran escritorio curvo en la esquina sudeste de la habitación, con lo cual Sharon, sentada en su sillón, podía mirar hacia el este (que rige el crecimiento, la juventud y la prosperidad), el sudeste (para la riqueza y la creatividad) y el sur (para la fama, la fortuna y la sinceridad). Todas estas características se canalizan ahora en sus actividades literarias.

LA UBICACIÓN DEL ESCRITORIO

La colocación del escritorio es el elemento más importante a tener en cuenta para el feng shui del lugar de trabajo. En casa, el escritorio ocupa el tercer lugar, después de la cama y el fogón, en cuanto a la importancia de su ubicación.

En términos generales, es preferible situar el escritorio en una posición «dominante»: siempre conviene ponerlo de cara a la puerta, y sentarse bien dentro de la oficina, como para ver toda la habitación desde el escritorio. Si uno se sienta de espaldas a la puerta, no está lo bastante alerta a lo que ocurre a su alrededor y tal vez se sorprenda cuando alguien entre o con lo que le digan. Kristin Frederickson, directora de arte de una pequeña editorial neoyorquina, opina que es casi imposible trabajar bien de espaldas a la puerta. «Hay una energía tan poderosa cuando no sabemos lo que ocurre a nuestras espaldas -dice-, que si uno trabaja así, se vuelve paranoico, y esta sensación se transmite a los colegas.»

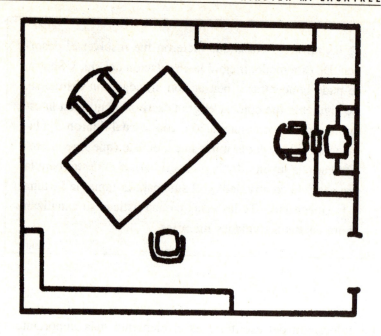

La «posición de mando» ideal para la oficina.

Si nos sentamos demasiado cerca de la entrada, no tenemos control de la habitación; los que se sienten en el interior tendrán un mejor conocimiento de la empresa. Mirar hacia la puerta de la oficina desde un asiento situado al fondo de la habitación nos brinda el dominio de lo que observamos. Esto nos permite pensar con mayor claridad y tener un criterio más sólido, con lo cual se respeta más nuestra autoridad.

Si no es posible colocar el escritorio de modo que quede de cara a la puerta, se puede colgar un espejito por encima para poder ver la puerta reflejada. Si estamos de cara a la puerta pero no vemos el resto de la habitación, esto también se mejora con ayuda de un espejo.

CONSEJOS PARA LA OFICINA COMERCIAL

- La ubicación de la oficina del gerente o del jefe es el factor más importante para determinar el éxito de cualquier empresa. El lugar más favorable para esta oficina tan importante es el más alejado de la puerta principal. Lejos del ajetreo y el bullicio, el gerente obtiene un panorama general y no se distrae con las minucias de las transacciones diarias. Esta distancia le permite también meditar decisiones que podría tomar precipitadamente si estuviera más presionado por la actividad que procede de la calle. Con la perspectiva y la serenidad que le brinda la posición de su oficina, el gerente tendrá el máximo control del funcionamiento del negocio, así como también buena concentración y capacidad de decisión. De este modo respetarán su autoridad.

- El escritorio del jefe no debe estar cerca de la puerta de la oficina, porque si no él no tendrá suficiente control del manejo ni le tratarán con la debida deferencia. Al mismo tiempo, es probable que los empleados que tengan el escritorio más al fondo de la oficina que el jefe sean más rebeldes, por sentir que ocupan una posición más dominante que su superior.

- El mejor lugar para colocar el escritorio del gerente en su oficina es en diagonal con la puerta. Esta posición le brinda el máximo control, además de ser la más beneficiosa para el éxito financiero de la empresa, porque el chi tendrá espacio suficiente para circular con comodidad alrededor de su escritorio, trayendo fortuna y buena suerte.

- Para tener mayor peso en las reuniones, es mejor sentarse de cara a la puerta. Esta posición nos vuelve más sensibles a la dinámica de la habitación. No conviene sentarse de espaldas a la ventana. Una pared detrás nos ofrece

¿Quiere usted que su teléfono suene más a menudo? ¿Está esperando llamadas que nunca llegan? Pruebe de colocar una bola de cristal cerca del teléfono. Si tiene el problema contrario (demasiadas llamadas) ponga una pesada piedra cerca del teléfono para estabilizar el área y reducir la energía que pueda fluir hacia este instrumento. Esto hará que suene menos a menudo.

un mayor respaldo para nuestras ideas y brinda autoridad a nuestra presencia.

- Es conveniente mover los escritorios de modo que los compañeros de oficina no queden directamente enfrentados cuando están sentados a sus escritorios. El hecho de estar frente a frente provoca enfrentamientos entre colegas.
- En el lugar de trabajo, las esquinas prominentes, sobre todo las que apuntan directamente a nuestra espalda, trastornan la dinámica de la oficina. Un joven procurador que trabajaba en un bufete importante se sentía perseguido y le costaba llevarse bien con sus superiores y sus colegas, hasta que observó que había una pared en ángulo que le apuntaba justo a la espalda. Colocó delante una planta y así mejoraron sus relaciones con sus compañeros.
- Las plantas y las flores contribuyen también a un buen feng shui en cualquier oficina o estudio. Se disfruta de un ambiente de trabajo más armonioso y se perciben los beneficios del chi sano y fluido, si de vez en cuando aligeramos el ambiente con seres vivos y adornos, como una pecera con peces de colores (no olvidemos que simbolizan dinero) o unas campanillas de sonido agradable.

EL LUGAR DE LA OFICINA

El mejor lugar para colocar el estudio o la oficina en casa depende del uso que pretendamos darle a la habitación. Para las personas que dirigen una empresa, o se ganan la vida trabajando en su casa, una oficina orientada hacia el sur, el punto cardinal que rige la fama, la fortuna y la sinceridad, contribuye al éxito y la buena reputación. Cuando la habitación se utiliza como estudio, para uno mismo o para un hijo en edad escolar, se obtienen resultados óptimos con una orientación nordeste, por ser el punto cardinal que controla el conocimiento y el éxito en los estudios.

Pero si no se puede instalar el estudio en una habitación que tenga la orientación que uno quisiera, existen algunas opciones válidas. De ser posible, hay que colocar el escritorio en el rincón sur o nordeste de la habitación. Además, se intensifica la zona mediante el color adecuado: rojo para el sur y verde azulado para el nordeste. Para el sur, también se puede incorporar una representación del elemento fuego, por ejemplo con velas, sobre todo rojas, o incluso con un dibujo de un fénix rojo, el ave legendaria que se levanta de sus propias cenizas. En cualquier caso, hay que colocar el escritorio de tal modo que uno no quede con la espalda hacia la entrada.

EL EQUIPO DE OFICINA

Conviene colocar los ordenadores, teléfonos, aparatos de fax y ficheros en las zonas más beneficiosas. Todo lo que sea de metal suele ir bien contra una pared oeste, porque el metal es el elemento que le corresponde a este punto cardinal. De todos modos, cada uno puede elegir el lugar más adecuado para sus propios fines. Por ejemplo, Annie Kelly, diseñadora de interiores, eligió el rincón sudeste para colocar su equipo de oficina: «Lo más fácil es colocar el equipo en un rincón, de modo que he preferido ponerlo en el rincón de la riqueza.» Allí colocó el aparato de fax, junto con una lámpara y una planta. ¿Y le ha ido bien? De momento, reconoce que muy bien. Hay que tener en cuenta que a menudo hay diversas opciones con respecto al mejor lugar donde colocar un objeto. Conviene centrarse en el objetivo principal (que puede ser la riqueza, la reputación o el conocimiento) y organizar la habitación en función de dicho objetivo.

LA ILUMINACIÓN

Es importante en una oficina que haya buena iluminación, tanto para ver bien el trabajo como para crear buen feng shui. Las luces fuertes ayudan a promover un feng shui sano y en movimiento. Por el contrario, los reflejos, además de distraernos, dan lugar a mal chi, o sea sha. Hay que procurar sobre todo que el reflejo no nos dé en la cara. Lo ideal es que la ventana esté al costado del escritorio. Cuando no tenemos más remedio que sentarnos de tal manera que recibimos reflejos en nuestra línea de visión, se recomienda colocar en la ventana un cristal multifacetado para dispersar el sha del reflejo y producir buen chi.

LA CONSERVACIÓN

Las librerías son un elemento natural y práctico para agregar a cualquier estudio u oficina. Pero hay que tener cuidado al colocarlas, para que los bordes de los anaqueles no produzcan hojas cortantes ni flechas envenenadas que se dirijan hacia nosotros mientras trabajamos. Los planos rectos que se unen para formar una esquina conducen la energía con excesiva rapidez, convirtiéndola en sha, que forma flechas amenazadoras. Para evitar esta situación tan peligrosa, se utilizan librerías cerradas, en lugar de estanterías abiertas. Las puertas que cierran las vitrinas y las estanterías bloquean los bordes, impidiendo que la energía perniciosa nos corte y, al mismo tiempo, ayudándonos a reducir el desorden y la distracción en la oficina.

EL DESORDEN Y LA CLARIDAD

Cuando en nuestro escritorio se apilan libros, papeles y facturas, no podemos pensar con claridad y, además, se nos bloquea la creatividad. Según Louis Audet, practicante de feng shui, todos los objetos ajenos a la oficina nos envían mensajes que nos dicen: «¡Mírame! ¡Lee esto! ¡Paga aquello!» Mantener el orden en la oficina es imprescindible para la creatividad y también para la capacidad de concentración. Eliminar distracciones nos ayuda a mejorar el éxito en general.

Steve, un maestro californiano, mejoró su situación financiera cuando organizó su oficina doméstica siguiendo los principios del feng shui. Tenía la oficina en completo desorden, «al igual que sus finanzas». Ordenó la habitación y la redistribuyó, prestando especial atención al rincón de la «riqueza», que intensificó mediante un acuario. De momento, los resultados obtenidos han sido modestos, pero positivos. «No soy más rico —reconoce—, pero sí más organizado, y controlo mejor mis finanzas.»

La relación entre el feng shui y las finanzas se observa a una escala mucho mayor en los edificios que pertenecen a varias empresas multinacionales. La sede en Hong Kong de la Hong Kong and Shanghai Banking Corporation es un ejemplo famoso de la aplicación a gran escala de los principios del feng shui. Considerado uno de los rascacielos más avanzados tecnológicamente de todo el mundo, este edificio de cuarenta y siete pisos se situó y se construyó siguiendo estrictamente los principios del feng shui. Numerosos visitantes se extrañan ante el curioso ángulo que forman las escaleras mecánicas que conducen desde el nivel de la plaza hasta la planta principal del banco. Parecería que las escaleras hubieran sido colocadas al azar, pero de hecho están situadas en el lugar exacto para distribuir el chi y la riqueza de forma homogénea por toda la estructura. Además, no es casual que el edificio esté orientado hacia el mar, con el pico Victoria a sus espaldas, ya que esta posición brinda al gigante financiero los beneficios de estas formas de relieve, tan auspiciosas. Las montañas le otorgan apoyo y protección para las actividades comerciales de la empresa, mientras que el océano invita a la riqueza a entrar y circular por el edificio.

Es posible que, si tenemos la oficina en casa, no disfrute-

Una pecera puede ser un imán para la riqueza y la prosperidad. Los peces simbolizan la abundancia (siempre hay peces en el mar) y la palabra china para «carpa» suena muy parecido a la que significa «prosperidad».

mos del privilegio de estar cerca del mar, como el Banco de Hong Kong y Shanghai, pero una fuente situada en algún punto próximo al frente de la casa puede producir el mismo efecto. Siguiendo los consejos de uno de sus gerentes asiático-americanos, una representación de Motorola en Phoenix, Arizona, instaló no una sino dos cascadas a la entrada, y ahora goza de un excelente clima comercial.

Desde Hong Kong hasta Phoenix, los empresarios serios han aprendido que el uso del feng shui para conseguir armonía y equilibrio en la oficina produce grandes dividendos. No importa si uno trabaja solo en su casa o en una gran empresa multinacional: comprobaremos que la práctica del feng shui resulta beneficiosa tanto para nuestra vida profesional como para la prosperidad y la vitalidad de la empresa en general.

OCHO

EL JARDÍN

Conseguir equilibrio y armonía es el objetivo que se propone el jardín chino, ya sea en un espacio grande, un patio pequeño, o incluso en una jardinera. Se debe plantar el jardín con el mismo cuidado que se presta al interior de la vivienda, si queremos que contribuya al equilibrio y la armonía del hogar.

Si respetamos las reglas del feng shui en el diseño del jardín, podremos equilibrar el yin y el yang en nuestra propiedad. Esto se debe a que los edificios, que están hechos de materiales sólidos como madera, hormigón, acero y ladrillos, entre otros, son yang, mientras que la tierra, las plantas, las flores y los estanques son yin. Los elementos yin y yang son interdependientes, y cada uno depende del otro para alcanzar la meta del Tao, o sea «el camino», es decir el equilibrio entre estas dos grandes fuerzas universales.

El dramaturgo estadounidense Eugene O'Neill, ganador del Premio Pulitzer y del Nobel de Literatura, estaba muy interesado en el pensamiento oriental. Se construyó una casa en el norte de California, situada en las colinas que dominan un pueblo muy pequeño llamado Danville, y la bautizó con el nombre de «Casa Tao» en honor a la filosofía china del cultivo de uno mismo, siguiendo «el camino». Este lugar, que recibe a muchos visitantes, aplica algunos principios del feng shui en una fusión ecléctica de elementos de diseño orientales y occidentales.

Sobre todo el jardín constituye un ejemplo maravilloso de un patio de tipo occidental cuyo diseño incorpora algunos principios de la filosofía oriental. Así incluye elementos chinos típicos, como un espacio rocoso, donde O'Neill practicaba la meditación, y senderos curvos que serpentean por el terreno como si fueran cursos de agua. Los caminos son estrechos, para favorecer la soledad y la meditación serena y para evitar que las personas caminen juntas, charlando. Además, en un estilo más oriental que occidental, en el jardín predominan las flores blancas, como azaleas, jazmines estrella, geranios y oleandros, que sirven para realzar el verde. En primavera, predomina una wisteria trepadora de delicadas flores blancas que cuelga de la galería de la casa de estilo español.

O'Neill se ocupaba en persona de un roble centenario que crece junto a la entrada principal. De hecho, las tareas propias del mantenimiento del jardín, como podar los arbustos y sujetar las enredaderas a las paredes, eran uno de sus pasatiempos favoritos, tal vez porque introducían un poco de aire puro y actividad física en la existencia recluida y sedentaria del dramaturgo. Los terrenos de la «Casa Tao» proporcionaban equilibrio a su vida.

EL DISEÑO DE UN JARDÍN CHINO

Un jardín bien diseñado al estilo chino presenta notables diferencias con el concepto occidental de lo que es un jardín bonito. He aquí unas cuantas pautas para aquellos que pretendan crear un jardín chino:

Árboles guardianes.

- Los jardineros occidentales a veces tratan de impresionar mediante el color y la variedad de las flores; en cambio los jardineros chinos prefieren la sutileza y el equilibrio. Las masas florales que crean un derroche de color no se consideran buen feng shui. Por el contrario, se valoran las flores de tonos delicados o los distintos tonos de verde.
- La mayoría de los jardines chinos incluyen piedras, ya sea dispuestas en grupos o aisladas, que proporcionan la belleza de sus formas y texturas. Su dureza contrasta con la lisura y la suavidad de las plantas y la tierra, contribuyendo así al equilibrio yin-yang del paisaje.
- Por lo general se plantan árboles grandes como telón de fondo del diseño general del jardín. Tres o más árboles colocados en fila sirven para proteger el edificio y el terreno. Para los habitantes de zonas llanas, los árboles dispuestos de esta forma sustituyen la protección que, de lo contrario, ofrecerían las colinas o las montañas. Es preferible utilizar como guardianes árboles de hoja perenne que, al estar en plena forma durante todo el año, brindan protección ininterrumpidamente. Conviene que

sean sanos y tengan un crecimiento vigoroso, ya que los árboles débiles o enfermos no son buenos guardianes y pueden atraer energía negativa con su naturaleza enfermiza.

- Las fuentes de agua crean buen feng shui en abundancia. El movimiento del agua atrae el chi, mientras que su fluir simboliza el flujo de dinero y contribuye a la prosperidad.
- Las charcas y los estanques también son excelentes para el feng shui, sobre todo cuando contienen peces grandes y sanos, o incluso una tortuga. Los peces dorados o plateados, que representan monedas de oro o de plata, son símbolos importantes de prosperidad, mientras que la tortuga, lenta y constante, representa la longevidad y es una buena señal de larga vida para sus dueños.
- Cuando se cuenta con una charca o un estanque, conviene que se curven hacia la vivienda, de modo que parezca que el agua la abraza y, de este modo, la protege. Si forman una curva en sentido contrario, el agua producirá una flecha desafortunada que disparará el sha en esa dirección.
- Hay que combinar las formas y los tamaños de las plantas de modo que ningún árbol ni grupo de plantas sobresalga de los demás. Este es un factor de equilibrio.
- Los senderos tienen que recorrer el jardín en curvas, imitando el movimiento natural del chi. Pero no tienen que ser retorcidos ni en espiral, ya que estas formas sugieren serpientes, unos huéspedes poco gratos en cualquier jardín.
- En un jardín chino, menos es más. Un jardín con muchas plantas parecerá menos atractivo que otro que incluya algunas plantas interesantes, dispuestas con ingenio.
- Por encima de todo, el jardín tiene que parecer lo más

natural posible. Aunque haya que planificarlo todo con sumo cuidado, no tiene que resultar artificial, sino algo que ha surgido en ese lugar por sí solo. En vez de flores y plantas exóticas, los jardineros chinos prefieren las autóctonas, precisamente para lograr este aspecto natural.

Un jardín bien atendido cumple una finalidad práctica. Según Marsha Golangco, asesora de feng shui, «Un buen jardín es como vestir la casa: cambia mucho la apariencia general». Al atraer el chi bueno y contribuir a su circulación, un exterior agradable será un elemento importante en la calidad global del feng shui de la casa.

CONCLUSIONES

Los chinos tienen un proverbio sobre las fuerzas que juegan un papel en nuestra vida: «Primero está el destino; después, la suerte; en tercer lugar, el feng shui; cuarta, la filantropía y quinta, la educación».

A través de esta introducción al feng shui, el lector ha comenzado a asumir el control de estas fuerzas, y del sentido que puede tomar su vida. La lectura de este libro se lo habrá enseñado. Aplicando el feng shui en nuestra casa, ayudaremos a toda la familia a conseguir sus objetivos, estén estos orientados hacia lo financiero, lo académico o lo afectivo. Con el uso de estos principios, nuestra casa se vuelve un lugar más acogedor para los invitados, y este primer paso hacia la filantropía tiene sus compensaciones.

Cada vez que tenga la impresión de que las cosas han cambiado para peor, concéntrese en los problemas que le preocupan. Tras pensar con cuidado en lo que le gustaría cambiar, aplique los principios del feng shui: desplace una cama o una planta, pinte de azul una habitación, cuelgue una flauta o unas campanillas. Haga lo que le parezca más apropiado en cada situación. Entonces verá que el feng shui le crea nuevas soluciones y dirige su vida en un sentido más positivo, siguiendo senderos que antes sólo le parecían posibles en su imaginación.

BIBLIOGRAFÍA ADICIONAL

Blofeld, John, editor. *I Ching: The Book of Changes*. Nueva York, Viking, 1991.

Eitel, Ernst. *Feng Shui, or the Rudiments of Natural Science in China*. Hong Kong, 1873. (Hay traducción española en Ediciones Obelisco, Barcelona 1994).

Keswick, Maggie. *The Chinese Garden*. Nueva York, St. Martin's Press, 1986.

Lip, Evelyn. *Feng Shui: A Layman's Guide to Chinese Geomancy*. Union City, California, Heian International, 1986.

— *Feng Shui for Business*. Union City, California, Heian International, 1990.

— *Feng Shui for the Home*. Union City, California, Heian International, 1990.

Rossbach, Sarah. *Feng Shui: The Chinese Art of Placement*. Nueva York, Penguin, 1983.

— *Interior Design with Feng Shui*. Nueva York, E.P. Dutton, 1987.

Rybczynski, Witold. *The Most Beautiful House in the World*. Nueva York, Viking, 1990.

Too, Lillian. *Applied Feng Shui*. Malasia, Konsept Lagenda SdN BhD, 1993.

— *Feng Shui*. Barcelona, Martínez Roca, 1998.

— *Practical Applications of Feng Shui*. Malasia, Konsept Lagenda SdN BhD, 1994.

Walters, Derek. *El gran libro del Feng Shui: Una guía práctica de la geomancia china y la armonía con el medio ambiente*. Barcelona, Obelisco, 1997.

— *Feng Shui: Perfect Placing for Your Happiness and Prosperity*. Londres, Asiapac Books, 1988.

Waring, Phillipa. *The Way of Feng Shui*. Londres, Souvenir Press, 1993. Traducción española: *Feng Shui para principiantes*. Ediciones Obelisco, Barcelona 1997.

Wong, Angi Ma. *The Practical Feng Shui Chart*. Palos Verdes, California, Pacific Heritage Books, 1992.

— *Target: The U.S.-Asian Market*. Palos Verdes, California, Pacific Heritage Books, 1993.

ÍNDICE

PRÓLOGO 9
AGRADECIMIENTOS 15
INTRODUCCIÓN 17

UNO:
EL FENG SHUI: QUÉ ES, DE DÓNDE VIENE, CÓMO FUNCIONA 23
    Un poco de historia 24
    El chi 26
    El yin y el yang 28
    El ba-gua 29
    Poner en práctica el feng shui 30
    Ejercicio 32

DOS:
LO FUNDAMENTAL DEL BA-GUA 33
    Los puntos cardinales 33
    Los cinco elementos 37
    Los colores 41
    Los números 43

TRES:
LA CASA EN EL MUNDO 45
    Dragones y tigres 46
    Flechas envenenadas 48
    La puerta principal 49
    La entrada 52
    Escaleras y puertas 53
    La forma de la casa 55
    Para tener en cuenta 56

CUATRO:
EL DORMITORIO 57
    La ubicación de la cama 58
    Los espejos y los muebles del dormitorio 61
    La forma del dormitorio 61
    La situación en la casa 62
    El desorden y el equipo electrónico 62
    Soluciones 63
    Mejoras 64

CINCO:
EL CUARTO DE ESTAR Y EL COMEDOR 67
    El cuarto de estar y los objetivos de la familia 70
    La distribución del mobiliario 71
    La forma y la situación del cuarto de estar 72
    La chimenea 73
    Obras de arte y antigüedades 74
    La iluminación 75
    El comedor 76

SEIS:
LA COCINA Y EL CUARTO DE BAÑO 81
    El fogón 82
    Consejos generales para la cocina 83
    El cuarto de baño 85

SIETE:
EL ESTUDIO Y LA OFICINA 89
    La ubicación del escritorio 91
    Consejos para la oficina comercial 93
    El lugar de la oficina 94
    El equipo de oficina 95
    La iluminación 96
    La conservación 96
    El desorden y la claridad 96

OCHO:
EL JARDÍN 99
    El diseño de un jardín chino 100

CONCLUSIONES 105

BIBLIOGRAFÍA ADICIONAL 107

Z/ML
3561X